Liebe Moni,

in diesem Sprachraum
bist Du aufgewachsen,
aber abgefärbt hat es nicht.

Hoffentlich kannst Du noch
etwas verstehen und
drüber schmunzeln.

Herzlichen Glückwunsch
zum 60.
wünscht Dir Regina

Harald Hurst

Komm, geh fort

Harald Hurst

Laut Passeintrag 1945 in Buchen geboren. Wenig beaufsichtigte, daher schöne Kindheit im proletarischen Milieu der Karlsruher Altstadt, wo nach dem badischen Grandseigneur Hubert Doerrschuck die „unheilige Schwesternschaft der Gefälligen“ ihr Gewerbe betrieb. Mäßiger, dem Aufwand entsprechender Volksschulabschluss. Als Pubertierender zur See gefahren, von den Fernweh-Schnulzen eines Freddy Quinn inspiriert. Ernüchterung.

Danach viele unqualifizierte Erwerbstätigkeiten, auch vergebliche Weiterbildungsversuche. Zeitweise durchaus angenehm den Überblick verloren. Schubartiger, später Bildungsdrang.

1968 wundersames Abitur als so genannter Schulfremder am Karlsruher Helmholtz-Gymnasium, dem er sich seither verbunden fühlt.

Studium der Romanistik und Anglistik für das Lehramt an Gymnasien. Referendarzeit. Zweites Staatsexamen. 1979 Trennung vom Arbeitgeber zur beiderseitigen Erleichterung.

Erlebt seit 1980 das tägliche Wunder der freien Schriftstellerei. Polizeilich gemeldet und wahlbeheimatet im beschaulichen Ettlingen.

Preise und Auszeichnungen:

Einige Mundartpreise
Stipendiat der Kunststiftung Baden-Württemberg
Stipendium des Ministeriums für Kunst und Wissenschaft
Thaddäus-Troll-Preis

Harald Hurst

Komm, geh fort

Geschichten und
Gedichte

G. Braun Buchverlag

„Ihre Lieder sind so aus dem Leben gegriffen."
„Ha ja, ich bin doch sonscht nirgends."

(Marcel Hafner von „Herrn Stumpfes Zieh & Zupfkapelle" auf das Kompliment einer Lokalreporterin im Backstage)

G. BRAUN BUCHVERLAG
Karlsruhe
www.gbraun-buchverlag.de

Umschlagfoto: Marina Lane, Ettlingen

ISBN 3-7650-8278-3

Inhalt

Es hätt schlimmer komme könne

Des normale Glück
isch net mei Ding
ich bin der Hans im Glück
mit'm Arm in de Schling
ich hab nur Glück im Unglück
ich humpel ins Happy End

ich hab schon mein Zauberring g'riebe
hab mir debei was g'wünscht
es wär besser g'wese
er hätt net funktioniert
und alles wär beim Alte gebliebe
mei Glück isch des
was zum Glück net passiert

bei mir sage d'Leut immer
des hätt net sei müsse
aber s'hätt schlimmer komme könne
wer waiß, wofür's gut isch
Hauptsach, de Kopf sitzt noch druff
käm ich mit'm Kopf unnerm Arm daher
däde se wahrscheinlich sage
es sieht schlimm aus
aber s'könnt schlimmer sei
er hat'n wenigschtens debei
jeder hat sei Bündel zu trage

wenn's nimme schlimmer komme kann
weil überhaupt nix mehr kommt
steht noch in de Zeitung
es sei eine Erlösung g'wese
aber des muss ich dann
zum Glück nimme lese

ich will net nur klage
ich muss sage
so richtiges Pech hab ich nie
was ich mach, geht nie voll
bloß e bissl in d'Hos
grad so, dass ich net waiß
ob ich d'Hos wechsle soll
was ich nie g'wollt hab
gelingt mir sogar gut
besonders in der Liebe

ich sitz im Lebe oft genug
am Fenschterplatz in Fahrtrichtung
ganz komfortabel und angenehm
nur mit de falsche Frau
im verkehrte Zug
ich merk's irgendwann
rechtzeitig zu spät
Glück immerhin
dass ich net bis zum Prellbock
weiterg'fahre bin
ich fahr mit'm Gegezug
als Einzelreisender zurück
so komm ich ganz gut voran

Glück habe annere
ich hab immer nur
grad nochmol Glück g'habt
ich komm mit'me blaue Aug
aus meine Glücksfäll raus
es könnt besser geh
es könnt schlimmer komme
danke, es geht
mer sieht halt mit de Zeit
vor lauter Glück
e bissl mitg'nomme aus.

Bernd, bitte!

Herrgott, des isch doch nix Neues!
ich hab schon immer g'schlürft
so e bissl g'schmatzt beim Esse
mei Messer abg'schleckt
wenn mir d'Soß schmeckt
sogar im Lokal

früher war's dir egal
es hat dich nie g'stört
du hasch's sogar gern g'hört

Schmatzischatzi

hör ich dich noch sage
laut vor alle Leut
ha'sch des vergesse?
ich hab en rote Kopf kriegt
mir isch's peinlich g'wese
so Wörtle ware nie mei Sach

heut funkel'sch über de Tisch
ich seh am Messergriff
deine weiße Fingerknöchel
die verkrumpfelte Serviett
fliegt über dein Teller in d'Mitte

Bernd, bitte!

hab ich früher vielleicht
schöner g'schlürft un g'schmatzt
oder was?

Mensch, ich hab doch seit jeher
schon in unsere erschte Nacht
so e bissl g'schnarcht
geräuschvoll g'schlofe

früher ha'sch mich g'weckt
mit Kraule am Ohr
mit'me Küssle uff d'Nas

Schnarchebärle

hat dei G'sicht über mir g'lacht
deine Haar habe mich gekitzelt
oh, ich bin gern uffg'wacht
ich hab dir unbedingt
mein Traum verzähle müsse
mitte in de Nacht, Mund an Mund
für unser Köpf war Platz genug
uff so'me winzige Kisse
ich hab mit dei'm Schlüpfer
des Nachttischlämple verhängt
unser Zimmer war 40 Watt rot
ich bin wie'n nackter Kellner
in d'Küch zum Kühlschrank g'rennt
hab Olive g'holt, Sekt ausg'schenkt
mir habe d'Freud getailt
wie e Stückle Brot

heut will'sch mein Traum nimme wisse
wenn ich schnarch
dreh'sch mir s'Ohr rum
klemm'sch mir d'Nas zu
bis ich beinah verstick

im Dunkle zischt was

Bernd, bitte!

ich hör deine Ferse klopfe
du schlepp'sch dei Bettzeug
ins Wohnzimmer raus

ganz ehrlich
wie lang halt'sch mich noch aus?

Zwischelandung

Ich bin so herrlich g'floge
ganz leicht un elegant – na ja
de Sakko hat e bissl g'flattert
mei Hemd hat sich unschön gebläht –
an schneeweiße Wölkle vorbei
hoch am Septemberhimmel
Richtung südliche Türkei
Zwischelandung eventuell
irgendwo in Griechenland

ich flieg nimme gern durch
Non Stop ans Ziel
möglichscht schnell
früher hab ich des g'macht
aber als älterer Vogel
wird mer doch bequem
will obends in sei Hotel
und außerdem
ich bräucht e Brill zum Fliege
ich seh nimme gut in de Nacht

ich hab e Storchepaar überholt
nach'm Klappere sin's Elsässer g'wese
sie habe g'stritte über de Kurs
ich hab ihn schimpfe höre
sie sei zu blöd zum Kartelese
er wär gern nach links
sie lieber rechts abgeboge

ich hab mich nochmol umgedreht
sie habe sich im Zick-Zack-Kurs
dass jeder mol Recht hat
zielstrebig weiter verfloge
ohne richtig abzubiege

mer müsst g'schwind
halte könne beim Fliege
zum Diskutiere in aller Ruh
wie's weitergeht
manche Vögel könne sowas
die bleibe stehe in de Luft
die lehne sich an de Wind
ältere Storchehepaare
g'höre net dezu
die sin beim Flug mit jedem Wort
in de falsche Richtung weiter fort

über Piräus bin ich sogar
mit're Schwalbeschar
in Langstreckeflug-Formation
ganz kurz gleichgezoge
lang hab ich's net gepackt
wege de Kondition
ich wollt noch zum Gruß
mit de Tragfläche wackle
wie mer's unner Zugvögel macht
debei bin ich ins Trudle komme
bin kopfüber rückwärts
durch e Luftloch g'sackt
die Schwalbebagage über mir
hat sich krumm un bucklich g'lacht
hat ihre Witzle g'macht:
und tschüs!

runner kommt mer immer!
viel Grüß an d'Fisch!

knapp über de Welle
hab ich mich g'fange

ich hab mit Müh un Not
e Wendeschlauf landeinwärts gedreht
Grillrauch von Knoblauch un Lammfilet
isch mir durch d'Finger g'weht
d'Luft hat immer besser g'roche
aber immer schlechter getrage
ich hab mit meine Flügelhänd
verzweifelt ins Leere g'schlage
zu dem Campingplatz
wird's hoffentlich noch lange
ich war noch ganz Vogel
nur im falsche Element
es isch zügig erdwärts g'ange

beim Notlande-Anflug
mit ausg'spanntem Kittel
hab ich mich in de Höhe verschätzt
e Olivebäumle hat mir d'Hos wegg'risse
e dorniges G'sträuch im Eingangsbereich
hat mir de Bauch verkratzt
mei bügelfreies Hemd zerfetzt

die Schranke an de Rezeption
hab ich grad noch überfloge
Rollsplit – um Gottes Wille
bloß net bauchlande müsse!
zum Glück hat in dem Moment
net noch s'Fahrwerk geklemmt

d'Füß hab sich runnergeboge
de Bode rast vorbei
Glasscherbe – jetzt!

e Staubwolk
ich hab uffg'setzt

bin losg'wetzt
viel schneller
als ich normalerweis könnt
es hat mich g'rennt
airborne – luftgebore
schräg vom Himmel g'falle
mit Vorwärtsdrall
im Sprung über e Frau
im Liegestuhl
hab ich de linke Schuh verlore
von meine nagelneue Camel-Slipper

beim Ausstolpere
über die Restaurantterrass
Nas über Knie
Ärm wie Windmühleflügel
hab ich alle Tisch umg'schmisse
Kellner mit Tabletts wegg'schuckt
Leut mit vollem Mund beim Kaue
als Bremsklötz mit mir g'risse
sie habe sich mit Rotwein verspritzt
mit Tsatsiki un Gyros vollg'spuckt

Entschuldigung!
ich zahl d'Rainigung!
schrei ich über de Platz
noch verschwitzt vom Renne

uff meiner Federkern-Matratz
ich setz mich an d'Bettkant
reib mir d'Auge un gähn
Mensch, hab ich Glück g'habt
ich hätt dod sei könne!

viertel nach zehn
de Wecker hätt mich beinah g'weckt
ich hab'n zwische zwai Flügelschläg
scheint's unner s'Kopfkisse g'steckt

mei Telefon jault
des Faxkäschtle rattert
es schellt an de Tür
des isch mir sowas von egal
ich bin heut net
beim Bodepersonal.

Rabatt-Rose

Es war im letschte Sommer, Ende Juli. An'me Samstagmittag in der Leopoldstraß. Kurz bevor die Marktleut ihre Ständ abbaue un alle Leut mit volle Einkaufskörb in de Cafés rumsitze.

Der Wilfried, ein Freund aus de Nachbarschaft, kommt mir fröhlich entgege. Er tragt fünf Rose un drei Sonneblume vor sich her. Wie eine begehrte Trophäe.

Um die Zeit kriegt mer Schnittblume billiger, wenn mer dem Verkäufer beiläufig sagt, dass er des Zeug am Montag sowieso wegschmeiße könnt. Sagt der Wilfried. Er hat in zwaiter Ehe eine Schwäbin g'heiratet. Früher war der net so. Aber egal, es geht ihm gut. Un bei dem funktioniert der Blumehandel immer. Bei mir scheint's net.

Am nächschte Wocheend hab ich's probiert. Nach langer mentaler Vorbereitung. Es hat mich Überwindung gekoschtet.

Vom Straßecafé aus kann ich den Marktbetrieb überblicke. Ich hab Espresso getrunke. Dazu Sambuca mit drei Kaffeebohne drin. Die brauch ich net zum Verkaue, sondern um die Taube zu ärgere. Ich lass die likörglitschige Kaffeebohne zwische Daume un Zaigefinger über d'Straß spritze. Die Viecher tripple sofort hinnerher. Dann gucke se blöd. Ehrlich g'sagt, ich kann die städtische Taube net leide.

Der Zeitpunkt war genau richtig. Die Rollregale ware beinah leer. Ich bin mit mei'm zurechtg'legte Sätzle im Kopf zum Blumestand g'schlendert. Der Herr Rapp in de grüne Gärtnerkutt hat den letschte Kübel mit rote Rosesträuß in sein Anhänger g'schobe. Ich bin e paarmol vorbeig'ange, weil's mir peinlich war. Aber dann hab ich an den Wilfried denke müsse. Un dass der soviel spart, wie ich zuviel bezahl. Ich bin kain Schwob. Un ich hab kai schwäbische Frau dehaim. Aber trotzdem! Ich spür so eine Art sportlichen Ehrgeiz. Es platzt aus mir raus.

„Höre se zu, ich bin heut obend ei'glade. Ich bräucht noch g'schwind Rösle!" Der Rapp hat weiterg'schafft, als hätt er mich net g'hört. Er hat'n Expanderstrang um den Kübel g'spannt. „Suche se sich was raus. Viel hab ich nimme", hat er endlich gebrummt. Mit seiner Zigarr im Mund. Ich hab Luft g'holt. „Was verlange se denn jetzt noch für so e Sträußle?"

Plötzlich lasst der Mann sein Expanderstrang schnalze, dass der eiserne Hake gege des Autoblech schlagt. Mit'me Ruck dreht er sich um. Er reißt sei Zigarr von de Lippe.

„Was haißt ‚jetzt noch'? Sie könne die Blume ‚jetzt noch' zum reguläre Preis kaufe, ja! Acht Euro de Strauß à zehn Stück. Aber sie müsse sich beeile. Die schlage nämlich uff! Die were ab jetzt laufend teurer!"

„Was? Wieso? Ich versteh net."

„Angebot und Nachfrage regeln den Preis. Hab ich Recht?"

„Ja schon. Aber ..."

„Ganz ai'fach: Sie brauche Rose. Ich hab Rose. Die letschte uff'm ganze Markt. Rose kriege sie nur bei mir. Exklusiv. Merke se was?"

Immer mehr Leut sammle sich um uns. Er tippt mit'm Zigarrefinger an sei Cordhütle, sucht Zustimmung beim Publikum.

„Wieso sollt ich meine Blume billiger verkaufe? Grad jetzt, wo's kaine mehr gibt. Außer beim Rapp. Un des bin ich!"

In spöttischer Höflichkait verbeugt er sich leicht vor mir, breitet seine Ärm aus. Ich komm nimme zu Wort.

„Aber bitte, bitte! Der Herr muss seine Blume net bei mir kaufe!“ Er deutet in wechselnde Richtunge, in die ich unwillkürlich guck.

„Fahre se doch zum Hauptbahnhof! Dort gibt's en Blumelade. Net grad billig. Aber bitte. Oder zur Shell-Tankstell bei de Autobahn! Dort stehe am Eigang so Krüppel von Blumesträuß rum. Die könne se kaufe. Rund um die Uhr. Sogar mitte in de Nacht. Die sehe halt auch so aus. Wie nachts an de Tankstell gekauft. Und nebebei könne se sich noch am Schuhputzautomat ihre Schuh putze lasse. Gratis!“

Verdattert guck ich an mir runner, seh meine dreckiche Schuh. Gelächter. Der Mann kommt in Hochform. Er isch net zu bremse.

„Oder wisse se was? Hole se ihre Blume doch morge früh! In de Friedhofsgärtnerei drübe! Die hat offe bis zwölf. Dann gehe se halt in Gottsname statt heut obend, morge mittag zu ihrer Ei'ladung. Zum Mittagesse!“

Lachsalve wie in amerikanische Fernseh-Serie. Ich vermeid jeden Augekontakt mit de Zuschauer, aber ich seh mit'me flüchtige Rundblick viele bekannte G'sichter. In dem Städtle kennt jeder jeden. Ich hab mich nie um d'Mainung von de Leut gekümmert. Aber die Roll hat mir net g'falle. Ich als Geizkrage un Billigheimer, der um Blume feilscht! Des hätt niemand hinner mir vermutet. Ich a net. Ich wär gern im Pflaschter versunke. Un für e Tarnkapp mit e paar Sekunde Wirkung hätt ich jeden Preis bezahlt.

Ich hab noch'n verzweifelte Versuch g'macht, beim Publikum wenigschtens mit'me Punktsieg wegzukomme.

Ich war betont ruhig, leis un langsam. Ich hab nachsichtig un leicht amüsiert g'lächelt. Modisch ausgedrückt, ich war cool. Aber meine Kniescheibe habe gezittert. Ich hab mit de Handfläche nach unne gebätschelt, dass er sei Lautstärke dämpfe soll. So bin ich mit breite Cowboyschritte auf ihn zu gependelt. Um ihn weiter friedlich zu stimme, hab ich ihm d'Hand uff d'Schulter g'legt. „Höre se zu, mir könne doch vernünftig mitenanner schwätze. Wie zivilisierte Mensche. Lasse mer doch d'Kirch im Dorf. Ich wollt vorhin nur …"

Es war, als hätt ich an seiner Schulter en rote Knopf gedrückt. Mit seiner Zigarr fuchtelt er mir vor de Nas rum. Er schimpft los, dass sogar weiter entfernte Ständ ihren Verkaufsbetrieb vorübergehend ei'stelle. An dene Stehtischle vor'm Imbisswage vergesse d'Leut zu kaue. Mit ihre Currywurscht-Rädle im halboffene Mund gucke se her. Als könnte se so besser höre un sehe.

„Ich weiß, was sie wollte!", schreit der Rapp. „Genau des, was die annere vor ihne auch schon wollte. Meine Blume möglichscht g'schenkt kriege! Des geht mir uff de Sack! Ich hab diese Last-Minute-Fuggerer satt! Heut war's widder besonders schlimm. Jeden Samstagmittag komme se. Wenn ich schon alles ei'gepackt hab. Schleiche um mein Hänger rum. Gucke nei. Gehe weiter. Komme z'rück. Dann kommt garantiert – ich kann's nimme höre!"

Er verwandelt sich in en Schauspieler, ändert sein Tonfall, verstellt sei Stimm. Er spielt zum Publikum.

„Ach sie, sage se mol, die Rösle do. Die sin schon ziemlich offe. Die könne sie am Montag nimme verkaufe. Also bevor se die zum Fortschmeiße widder mit heim nemme – zum halbe Preis. In Ordnung? Die hänge schon d'Köpf. Viel Freud hab ich mit dene net. Aber wenn sie mir noch die fünf Sonneblume dezugebe. Die sehe arg fertig aus."

Ich wollt mich diskret aus'm Staub mache. Noch'n Schritt rückwärts, un ich wär zwische de Zuschauer abgetaucht. In dem Moment dreht er sich um. Sofort hat er mich im Visier. Un alle habe widder zu mir geguckt.

„Wisse sie, was ich mit dene Blume in Zukunft mach? – Die drück ich lachend in de Komposcht! Die entsorg ich! Ich entsorg mich von dene Leut!"

Er hat sei Hütle ins G'nick g'schobe. Mit'me große Sacktuch hat er sich die furchige Stirn g'wischt un schwer g'schnauft. Plötzlich hat er erschöpft ausg'seh. Er hat sei Zigarr in de Mund g'schraubt. Dort hat er se jetzt stecke lasse könne. Er hat nimme laut g'schimpft, nur noch gebruddelt.

Un beim Bruddle kann mer mit de Zigarr im Mund schaffe. So hat er sein Platz g'fegt. Als wollt er de Bese abbreche.

Beim Bruddle braucht mer net unbedingt Zuhörer. Bruddle hat was Autistisches. Des isch ein halblautes, undeutliches, aber verschärftes Geschimpfe oder Gemaule im Racheraum. Mer hört was, aber um was zu verstehe, muss mer horche. Es isch grad soweit unnerdrückt, dass die Umgebung zu verstehe glaubt, was mer beinah g'sagt hätt. Durch Bruddle schafft mer sich Erleichterung bei großem Innedruck, ohne dass mer eine Belaidigungsklage fürchte muss. Zu sich selber wird mer doch noch sage dürfe, was mer über annere denkt!

Die Neugierige habe sich zwische de Marktständ verstreut. Ende der Vorstellung. Ich hab niemand mehr a'geguckt. Ich wollt nur noch schnell in mei Wohnung, die Tür hinner mir zumache. Ohne Blume.

Am Georgsbrunne hab ich mit fahrige Händ e Zigarett aus'm Päckle klopfe wolle. Jemand rupft mich am Hemdärmel. „Hopp, auf! Mitkomme!" De Blumehändler. Er macht e G'sicht, als hätt er Zahnweh. Oder als wollt er sich entschuldige. Am Hemd zerrt er mich durch des Marktgewimmel zum offene Blumefuhrwerk. Ich stolper über en Pudel, entschuldig mich bei dem Tier.

Sei Fraule schimpft mir hinnerher. Ich spring über die Deichsel vom Geflügelhof-Wage. „Zack-zack! Ich will Feierobend mache!" Es wird schon widder geguckt. In dem Städtle derf mer sich net schneller bewege als die annere. Des fallt sofort uff, wird als tumultartig empfunde. Dezu hat der Rapp noch so e laute Stimm.

Er zieht zwai Sträuß aus'm Wasserkübel, lasst se kurz abtropfe. Samtig dunkelrote, langstielige Rose. „Da! Zwai! Dann sin se fort! Sage mer – zwölf Euro z'amme. Acht Mark g'spart. Fertig ab!"

Ich wollt ihm sage, dass ich kaine zwai Sträuß bräucht. Außerdem hätt ich mir überlegt, ob ich net doch lieber e schlichtes Feldblumesträußle nemme sollt. Die Frau, der ich's schenke wollt, sei eher naturverbunde als damenhaft. Dass ich aber in jedem Fall den volle Preis zahle wollt.

Do hat er mir die Rosesträuß schon zu'me dicke Büschel z'ammegedrückt un über de Schenkel in Zeitungspapier g'rollt. Er lasst mich obe nei'gucke. „Wie g'malt", sagt er. Ich schnupper unwillkürlich an dene Blüte. Er lacht. „Also für des Geld könne die net a noch rieche!"

Beim Rausgebe kommt er mir mit'm Kopf vertraulich näher. Unsere Schläfe berühre sich beinah. Aus'm Mundwinkel raunt er mir zu: „Ich versprech ihne, wenn sie mit dem Bukett komme – absolute Erfolgsgarantie! Diese Dame schmilzt ihne weg wie e Streichkäsle in de Sonn."

Ich hab versucht, genießerisch zu lächle. Ich wollt so schnell wie möglich mit meine Rose verschwinde. Er packt mich am Arm. Sei Stimm kitzelt mich im Ohr.

„Noch'n Rat von einem erfahrenen Verführer – lache se net! Als kerng'sunder Witwer bin ich noch schwer aktiv! Folgendes: Bringe sie zu dene Rösle noch was süßes Hochprozentiges mit. Malaga, Portwein, was in dieser Richtung. Oder e Likörle. Whisky-Sahne, hervorragend. Glaube se mir, des Zeug haut die Wei... pardon, die Dame um."

Genau nebe uns hat die Frau Schönherr-Liebert ihren Berner Sennenhund am Laternepfahl rumschnüffle lasse, geduldig un tierlieb. Ausg'rechnet die städtische Gleichstellungsbeauftragte. Sie hat geguckt, als hätt se was g'hört. Endlich hat se ihren Hund weitergezoge. Ich glaub, sie hat debei de Kopf g'schüttelt. Sicher bin ich net. Aber mir kommt's vor, als ging sie mir seither aus'm Weg. Sie grüßt mich nur noch, wenn's sich net vermeide lasst. Und deutlich kühler.

Über de Handrücke weg flüschtert mir der Rapp ins Ohr. Er brummt so halb durch d'Nas.

„Wisse sie, wie mir früher zu so süßem Wein un Likör g'sagt habe? – Büchsenöffner! Kenne sie den Ausdruck noch?"

Ich nick. Gott sei Dank, die Schönherr-Liebert isch weit genug fort. Ich bedank mich für sein Tipp un den Blumerabatt, wünsch ihm e schönes Wocheend. Jetzt nix wie weg!

„Noch was!", ruft er hinner mir her, über zwai, drei Ständ weg. Ich zuck schon z'amme, bin uff alles g'fasst. „Die Rose schräg a'schneide! Bevor se die ins Wasser stelle!" Ich wink erleichtert z'rück. „Mach ich!" Dann kann er sich's net verkneife. Er zwinkert mir zu. „Aber glei mache! Später wird's gern vergesse. Wenn mer uff de Couch hockt, isch's möglicherweis zu spät!"

Mit dem Arm voll stachelige Rose vor'm nasse Hemd wollt ich sofort haim. Der kürzeschte Weg isch net immer de schnellschte in dem Städtle. Manchmol lohnt sich sogar en weiter Umweg. Über de Neue Marktplatz wollt ich durch e enges Gässle, eher en Durchgang, in Richtung Schloss un dann irgendwie von hinne ... ich bin net weit komme.

Beim Provence-Stand mit Olive, Schafskäs un ei'glegte Sächele in hölzerne Bottich hab ich die Frau Dr. Bachsteltz, eine pensionierte Gymnasiallehrerin, zu spät g'seh. Ich duck mich hinner mein Rosebusch. Ich fluch durch die g'schlossene Lippe. Die hat mir grad noch g'fehlt! Die Tarnung hat net funktioniert.

„Sah ein Kna-hab ein Röslein stehn", hat se geträllert. „Ach, die sind ja wunderschön! Wer ist denn die Glückliche? – Verzeihung, das geht mich ja nun wirklich nichts an."

Als gebildete Frau hat se ihr Neugier taktvoll beherrscht. Dafür hat se mich in e G'spräch über aktuelle Literatur verwickelt. Sie kennt sich aus. Mit annere gleichg'sinnte Dame hat se en Literaturkreis gegründet.

Einen literarischen Salon. Ich war a schon ei'glade. Aber ich hab immer was anneres vorg'habt.

Mir platziere uns abseits, um den Standabbau un de Durchgangsverkehr net zu störe. Es riecht nach Knoblauch, Kräuter un Diesel von de Lieferwage.

Ich guck durch meine Rose. Des Blumewasser sickert mir langsam unnerm Gürtel durch in d'Unnerhos.

Ob ich die ‚Korrekturen' von diesem Jonathan Franzen schon gelesen hätte. Im Spiegel auf Platz zwei. Hinter Martin Walser.

Ich hätt net ja sage dürfe. Aber die Frau hat halt bildungsmäßig was Verpflichtendes.

Grad heut nacht hätt ich den Wälzer mit siebehunnert Seite ausg'lese. Gege Morge. Ich sei so erschöpft g'wese, dass ich sogar vergesse hätt, des Nachttischlämple auszuschalte. „Deshalb seh ich jetzt vielleicht so etwas übernächtigt aus", hab ich mich entschuldigt.

Wenn mer schon schwindelt, sollt mer's e bissl ausschmücke, was drumrum verzähle. Des erhöht die Glaubwürdigkait. Bis mer's am End beinah selber glaubt. Un es macht baide Seite mehr Spaß.

Immerhin, ich hab die Romanbesprechung in der Zeit überfloge. Beim Frühstück, diagonal. An die Seitezahl hab ich mich erinnert.

Ich mach viel mit Gesprächstechnik. Deshalb muss ich zum Glück net alles selber lese. Ich kann über Themen, von dene ich wenig versteh, ziemlich eindrucksvoll rede. Notfalls komm ich ganz ohne Vorwisse aus. Schwierig, kräftezehrend, aber es geht.

Des hab ich schon in de Schul, später beim Studium g'lernt. Was hätt ich mache solle? Ich bin nie gern über Schulbücher un Fachliteratur g'sesse. So hab ich halt unauffällig beim Schwätze lerne müsse. Ich klau schnell mit de Auge un mit de Ohre. Alles Training. Aber klar, ein gewisses Talent g'hört dezu.

Oft ahn ich schon nach zwai, drei Wörter, was der Gesprächspartner sage will. Ich fädel mich g'schickt ein un schwätz den Satz mit ihm zusamme fertig, nur eine Spur lauter und mit're Zehntelsekund Vorsprung. Damit verwisch ich laufend die Urheberschaft. Am End sieht's aus, als ob ich alles g'sagt hätt. Oder als hätt ich mich wenigschtens fundiert am Gespräch beteiligt.

Oder umgekehrt. Ich fang en Satz an un waiß noch net, wie ich den fertig mache soll. Ich sag ai'fach mol was, langsam, bedächtig, nur Füllwörter.

Mimik und Körpersprache sin debei wichtig. Es muss wirke, als wüsst ich genau, was ich sage will un wollt's präzis, also intellektuell gewissenhaft formuliere. In aller Regel verliert mein Gegenüber die Geduld und übernimmt den Satz, der noch in de Luft liegt, in seinem Sinn. Ich nick dankbar mit. – Genau des wollt ich sage! – So krieg ich ständig neue Information, mit der ich weiterschaffe kann. Learning by talking, sozusage.

Dann, ganz wichtig, schwere Fremdwortbrocke an de richtige Stelle. Dann isch erschtmol Ruh. Die kann mer nutze, um zu überlege. Wenn mer Glück hat, wechselt der Gesprächspartner s'Thema.

„Wie fanden sie den Roman?", wollt die Frau Bachsteltz wisse. Skeptisch hab ich de Kopf g'wiegt.

„Na ja. Also, wie soll ich sage? – Sage mer mol so: Im letschte Drittel vom Mittelteil kam er mir doch etwas – hm, hm, hm ..."

„Langatmig vor?"

„So könnt mer sage. Stellenweise redundant."

„Genau! Offen gestanden, ich habe sogar ein paar Seiten überblättert."

„Au, des kann ich net! Wenn ich mol dra bin, beiß ich mich durch. Seite für Seite."

„Der Roman wurde, wie mir scheint, doch etwas ..."

„Überbewertet von der Kritik, ganz klar!"

„Denke ich auch. Wie fanden sie denn diesen Gary?"

„Ach, diesen, diesen ..."

„Genau! Diesen Bankmenschen. Der älteste Bruder."

„Eine schillernde Figur!"

„Also ich fand den eindeutig negativ, direkt fies. Gefühlskalt."

Ich hab e bedenkliches G'sicht gezoge un debei d'Hand in Kopfhöhe unsicher flattere lasse.

„Ja net nur! Net nur negativ! Immerhin hat er – also er hat immerhin ..."

In dem Augeblick hat der Verkäufer vom Käswage sein Blechrollade vor der Verkaufsluk runnergezoge. Des war mir grad recht. In dem Gerassel un Geschepper hab ich nur noch de Mund bewege müsse. Es war Zeit, de Spieß umzudrehe. Oder s'Thema zu wechsle. Ich hab zu dem Wage gedeutet.

„Sie, der hat übrigens en wunderbare selberg'machte Frischkäs mit Schnittlauch. Schon mol probiert?"

Sie hat irritiert geguckt. Es hat net funktioniert, des hab ich g'merkt. „Jedenfalls", hab ich g'sagt, „ich hab bei dem Roman die dichte narrative Struktur vermisst, den konnotativen Reichtum auf der Metaebene, den ich bei Dos Passos so schätz."

„Bei wem, bitte?"

„Na ja, bei Dos Passos! Sie kenne doch Dos Passos?"

„Ja. Das heißt, offen gestanden, nicht sehr gut. Vom Namen her."

„Lese se mol die Amerika Trilogie. Do könne se den Franzen vergesse!"

„Moment, das notier ich mir gleich. Für Lektüretipps bin ich immer dankbar. – Dos Pas-sos. Richtig so?"

„Ja. John."

„Meinen sie, die Buchhandlung hat noch geöffnet? Gleich zwei Uhr."

„Wenn se sich beeile."

„Ach, kommen sie doch mal zu unserer Literaturrunde! Jeden Montagabend ab neunzehn Uhr!", hat se g'rufe un war schon unnerwegs.

„Mach ich!", hab ich ihr hinnerher g'winkt. „Schönes Wocheend un en Gruß dehaim!" Des isch mir rausg'rutscht, weil mer des halt samstags hier so sagt. Debei waiß ich doch, dass die Frau Dr. Bachsteltz allein lebt. Mit ihre zwai Katze.

Des Blumewasser war durch mei Sommerhos g'schlage. Vom Hoselade über die Inneseit von de Schenkel hat de Stoff schwarz geglänzt. Hellgrau isch e empfindliche Farb gege Nässe.

Herrgott, so eine Scheiße! Ich hab durch d'Zähn g'flucht. Die rote Rose un die vertrielte Hose – des passt!

Ich hab versucht, schräg gradaus zu geh. Wie'n Krebs uff de Flucht. Dass es net so unnatürlich aussieht, hab ich in d'Schaufenschter geguckt. Sogar des Schaubild über Darmträghait in de Apothek hat mich kurz int'ressiert, obwohl ich in dem Punkt net klage könnt.

Ich hab mich an de Hauswänd entlang bei weggedrehter Hosevorderseit eilig Richtung Wohnung durchg'schlage. Jetzt nur net renne mit dem Fleck in de Hos, hab ich mir g'sagt. Sonscht sieht's aus wie zu spät.

„Schenkt man sich Rosen in Tirol", singt mir de Herr Ferensky, ein ehemaliger Schauspieler, mit voller Baritonstimm entgege. Schon steht er vor mir, en Kopf größer als ich. Er tritt auf. Mit schwarzem Schlapphut un weinrotem Seidenschal immer noch ganz Theatermann. Er guckt zu mir runner. Wie von de Bühnenrampe ganz vorne ins Publikum.

„Na, lieber Freund! Auf Freiersfüßen, wie ich sehe!" Er muss net viel sage, de Herr Ferensky. Durch seine sonore, weittragende Stimm, diese überdeutliche Aussprach un seine großartige Bewegunge steht er überall sofort im Mittelpunkt. Im Radius von zwanzig Meter entsteht die Atmosphäre von improvisiertem Straßetheater. Normal schwätze kann der nimme. Es klingt immer nach Beispielsätz in Sprecherziehung.

Er federt zwai Schritt rückwärts, staunt mit gequetschtem Kinn über den Fleck in meiner Hos. „Nanu?"

Des Wörtle langt schon bei ihm. So wie der des sagt. Die Passante mache langsamer un gucke uff mei Hos.

„Fordert die Vorfreude schon ihren Tribut?" Ich will gute Miene zum böse Spiel mache. Es klappt net. Mir zuckt s'Gsicht.

De Ferensky wirft mit elegantem Schwung die rechte Schalhälfte über die linke Schulter. Er deklamiert mit hochg'streckter Hand.

„‚So wilde Freude nimmt ein schlechtes Ende!' – Der große Shakespeare, ja!

Wissen sie, wie oft ich den Hamlet gespielt habe?" Bevor er sei Frag beantworte kann, bin ich um d'Eck.

Ich hab schon de Haustürschlüssel gezückt, als mir die hübsche Kassiererin aus de Drogerie gegenüber über de Weg stöckelt, die Clarissa Schönleber.

Ihren Name waiß ich von dem Schildle an ihrer weiße Kutt. Ich sag aber nur Clarissa zu ihr. Also in meine Gedanke. Ich hoff, sie hätt nix degege, wenn sie wüsst, dass ich sie duz.

Ziemlich jeden Tag steh ich in der Schlang vor ihrer Kass. Mit Sache, die ich net unbedingt bräucht. Aber gut, aus de Drogerie braucht mer immer was, wenn mer will.

Wenn die Kass nebe ihr endlich besetzt wird, weil sich die Schlang bis zwische die Regale zieht un des Schwanzend immer lauter über die Warterei mault, springt alles rüber un vor. Wie beim Wettrenne. Jeder will sich gut platziere. Nur ich net.

Ich bleib mit mei'm Sumatra-Rain-Deo-Roller oder mei'm Wash & Go Hair and Body Shower Gel bei de Clarissa. Sonscht hätt ich mich net rasiere brauche.

Ich guck ihr geduldig zu, wie sie die Ware über ihren Scanner schwebe lasst. Karottebrei-Gläsle, Katzefutter, Klopapierrolle, Multivitamintablette, Rohrfrei, Kukident, Überraschungseier, Kondom-Großpackunge, Ewige Lichter für de Friedhof, halt alles, was mer im Lebe so braucht. Oder nimme braucht.

Zwischedurch lächelt sie mir zu. Exklusiv. Ich lächel immer schon vor ihr. Sie isch freundlich zu alle Kunde. Aber zu mir besonders. Jedenfalls kommt's mir manchmol beinah so vor.

Beim Bezahle un Rausgebe berühre sich unsere Händ. Nur ganz leicht un flüchtig. Wie zufällig. Aber doch e bissl länger und intimer, als des für die übliche Geldübergabe beim tägliche Barzahlungsverkehr notwendig wär. Doch Absicht? Wenn, dann von wem? Von mir? Des wär unbewusst.

Also des wüsst ich dann net. Von ihr? Gern vorstellbar wär des. Vielleicht beiderseitig Absicht? Bei ihr e bissl mehr. Des wär's! So hätt ich's gern.

Aber egal. Ich will des garnet wisse. So wie's isch, isch's gut. Träume wird mer noch dürfe, oder? Un zum Träume langt's.

Außerdem, an ihrer Eintipp-Hand rechts tragt die Clarissa en Ring. Von dem Schönleber. Der Name – furchtbar. Erinnert mich an Innereie im Schaufenschter von're Metzgerei.

Also des hätt waiß Gott noch Zeit g'habt mit'm Heirate, Viel zu jung, des Mädle. Irgendwann kommt die Ernüchterung. Dann steht se do, mit'me kleine Kind womöglich. Dass des net gut geht, könnt ich ihr jetzt schon sage. Aber junge Leut müsse ihre Erfahrunge selber mache. Zudem geht mich des nix a.

Ausg'rechnt jetzt muss ich ihr begegne! Ich lass schnell des Rosebüschel tiefer rutsche, über den nasse Hoseschlitz. Die Dorne steche mich durch d'Zeitung. Sie winkt im Vorbeigeh, lacht so wochenendmäßig beschwingt: „Oh, sind die für mich?"

Beinah hätt ich ja g'sagt un ihr die Rose überreicht. Als spontane Huldigung an die Schönheit, sozusage. Dann wär ich se los g'wese. Mit siebe gelbe Tulpe könnt mer sowas mache. Oder mit so'me einzelne schlaffe Rösle vom indische Blumeverkäufer nachts im Lokal. Aber net mit zwanzig langstielige, samtig dunkelrote Operette-Rose. Die sin zu symbolträchtig für e beiläufiges Spontang'schenk uff de Straß. So'n Strauß kriegt mer net unverbindlich los, grad so.

Dorne habe sich im Hosestoff verhakelt. Wenn ich zieh, geht d'Hos mit hoch über d'Socke. Ich guck der Clarissa hinnerher. En Mann kommt ihr strahlend entgege. Sie stellt sich vor ihm uff d'Zehespitze, legt ihm d'Ärm um de Hals zu'me lange Kuss. Seine Händ streiche über ihre Hüfte, über ihren Po. Im Moment geht's anscheinend noch gut mit dene zwai. Flitterwoche. Schöner hormoneller Störfall.

Wie der Lackaff zu so einer Frau kommt! Was die Clarissa an dem Schnösel in sei'm Boss-Anzügle find? Also als Frau wär der Mann net mein Fall. Der däd mir net hinne rummache, wenn ich Frau wär. De Volksmund hat Recht: Die dümmschte Bauere habe die dickschte Kartoffel. Besonders in de Liebe.

Ich pfriemel an meiner Hos rum, zieh die Dorne aus'm Stoff. Ich wüsst gern, wie der Schönleber reagiert hätt, wenn ich seiner Frau den Rosestrauß g'schenkt hätt. Viel hat net g'fehlt.

Endlich dehaim! Mit'm Absatz drück ich die Tür hinner mir zu. Ich kipp die Rose uff de Küchetisch, zieh die nasse Hose aus un rauch in aller Ruh e Zigarett, bevor ich in trockene Unnerhose des Grünzeug versorg. In de Küch sieht's aus wie im Arbaitsraum von'me Blumelade.

Ich hab kaine Vase für so lange Blume. Aber kürzer mache wollt ich se net. Des wär schad g'wese. Falls ich doch noch e weibliche Ei'ladung zum Obendesse bekäm. Hätt sei könne. Ich kenn immer e paar Fraue, die gern und gut koche, aber momentan grad net wisse, für wen.

Ich hab die zwanzig Rabattrose in alle mögliche Gefäße vertailt. Sogar im Bad hat e Ros schräg un steckegrad aus'me Gurkeglas g'ragt. Uff der Waschmaschin nebe de Kloschüssel. Die zwai Gurke hab ich vorher schnell im Stehe vor'm Kühlschrank g'esse. Mit'me Leberwurschtbrot. Aber die Ros im Bad isch net recht zur Geltung komme. Beim Austrete hab ich se jedesmol umdrapiert, in e annere Richtung gedreht. Ich hab was Grünes von dene Wohnzimmersträuß dezug'steckt. Oder Schleierkraut. Ich hab ikebanamäßig rumhantiert. Es hat ai'fach nach nix ausg'seh. Ich waiß net. Wie aus de Schießbude geballert. Nach fünf Schuss.

Die vier Sträuß im Wohnzimmer habe mir g'falle. Ein üppig florales Ambiente, könnt mer sage.

Des Telefon isch stumm gebliebe. Also keine Einladung. Es war mir recht. Ich hab mich wohlg'fühlt dehaim. In mei'm weinrote seidene Hausmantel aus Dralon bin ich mit'me Glas Bourbon in de Hand zur Musik von Frank Sinatra im Zimmer rumspaziert. Zwische meine Rosesträuß. Ich waiß net, wie oft ich bei My Way den Repeat-Knopf gedrückt hab. Oder bei New York. Zeitweis bin ich mir vorkomme wie de Frankieboy selber. Oder Dean Martin in seiner Hotelsuite.

Später hab ich bei Kerzelicht e Fläschle Cabernet Sauvignon aus Kalifornie dekantiert un zwai, drei Minute atme lasse. Dazu hab ich mir e Büchs Fisch in Tomatesoß serviert. Von rechts, wie sich des g'hört. Bei de Rezeption hab ich telefonisch Beschaid g'sagt, ich sei für niemand zu spreche. Weder für die Presse, noch für Fans mit Blume.

Am Sonntagmorge bin ich mit leichtem Kopfweh uffg'wacht. Vermutlich von dem schwere Roseduft in de Wohnung. Mer soll net mit Blume im selbe Raum schlofe. Ich hätt net im Wohnzimmer uff de Couch übernachte dürfe. Meine Klaider sin ordentlich g'faltet überm Sessel g'hängt. Sogar d'Socke hab ich ausgezoge. Nur d'Schuh habe g'fehlt. Ich hab verzweifelt g'sucht. Unerklärlich. Des hat net sei könne. Ich hab bis zum Schluss Schuh a'ghabt. Normale Straßeschuh. Sowas wie Hausschuh, Indoor-Schlappe, kenn ich garnet. Bin viel zu oft unnerwegs.

Kaffee, Aspirin plus C. Ich hab rückwärts überlegt. Doch, ich bin kurz strümpfig g'wese. Gege Morge. Im Bad hab ich ...

Tatsächlich! Meine Schuh stehe im Flur vor der Wohnzimmertür. Akkurat.

Sie sin immer noch dreckich. Ich bin erleichtert. Wenn se geputzt g'wese wäre, hätt ich e Problem g'habt.

Die Rose habe e Woch g'halte, obwohl ich vergesse hab, sie schräg a'zuschneide.

Am Mittwoch nach'm G'schäft hat der Wilfried bei mir geklingelt. Zu'me Schwätzle am Feierobend. Es hat sich so nachbarschaftlich ei'gebürgert. Kleine After-Work-Party, wenn mer so will. Uff e Schlückle Wein.

Früher bin ich manchmol zu ihm rüberkomme. Inzwische hocke mer nur noch bei mir. Weil mer zum Rauche net uff de Balkon müsse. Und weil ihm mein Varnhalter Riesling halt doch besser schmeckt, als der Moscht vom Schwiegervadder. Sie habe immer e 50-Literfass im Keller. Moscht sei garnet schlecht. Besonders im Sommer zum Veschper, sagt de Wilfried. Mit de Zeit sei er uff de G'schmack komme.

Soviel Zeit hab ich net. Ich leb jetzt un des möcht ich genieße. Weshalb sollt ich meine G'schmacksnerve so lang drangsaliere, bis ich irgendwann glaub, dass mir was schmeckt? Vorausg'setzt, dass ich im Sommer was dezu veschper. Mer muss sich net an alles g'wöhne. Ich hab kai Schwiegerleut im Schwäbische.

Mit so'me Getränk muss mer uffwachse. Mei Sach isch's net. Des hab ich der Chrischtl schon beim erschte Schluck ehrlich g'sagt. Ich glaub, sie hat's mir e bissl übelg'nomme. Aber mit mei'm G'sicht beim Probiere hätt ich net lüge könne. Des hätt wahnsinnig ausg'seh.

Net dass die Chrischtl geizig wär, des net. Sie hat halt nur eine Abneigung gege alles, was net sei muss. Des muss net sei, jenes muss net sei. Dass mer unner de Woch den teuere Wein trinkt, grad so, wo mer doch den gute Moscht im Keller hat, muss a net sei.

Vielleicht hat se sogar Recht. Aber lieber Gott, wenn mer net ab und zu was macht, was net sei muss – des isch doch kai Lebe!

Ich komm nur noch zu Koflers, wenn ich ausdrücklich zum Esse am Sonntagmittag punkt zwölf ei'glade bin. Wenn se also mit mir rechne. Des kommt net oft vor. Aber dann gibt's alles relativ im Überfluss gege sonscht. Die Chrischtl kocht gut un so, dass es langt.

Im Idealfall sin die Platte un Schüssle exakt zu dem Zeitpunkt leer, wo mer vernünftigerweis sowieso nimme weiteresse sollt, weil mer im Grund satt genug isch, wenn mer sich's recht überlegt. Un dass bloß noch aus Genusslaune un Langweil rumg'fresse wird, des muss net sei.

Also mit so'me unangenehme Völlegefühl bin ich beim Wilfried un der Chrischtl noch nie vom Tisch g'ange.

Es gibt Wein. Trollinger halt. Oder Lemberger. Oder baides vermischt. Jedenfalls Württemberger mit Schraubverschluss.

Ich hab schon selber Wein mitgebrocht. Rioja. Zwai Flasche. Natürlich in der Hoffnung, dass der zum Esse getrunke wird. Aber die Chrischtl hat die Flasche als Mitbringsel betrachtet. Des hätt doch net sei müsse, hat se g'sagt. Schon ware die Fläschle verschwunde. Ich hab halt widder Trollinger trinke dürfe. Wann die mein Wein uffmache, waiß ich net. Wahrscheinlich trinke se den zu zwait an'me ganz besondere Sonntag. Eventuell zur Silberhochzeit.

Des spontane Vorbeigucke, so werktägliche Überraschungsbesuche hab ich mir abg'wöhnt. Mach ich nimme. Ich komm doch net zu Besuch, um d'Leut auszutrickse, bis ich was krieg.

Mer hat immer des G'fühl, mer platzt als Faulenzer in en schaffige Familiebetrieb, wo außerhalb der Pause net rumg'hockt wird. Wo mer endlich nach'm G'schäft Zeit zum Schaffe hat. Im Häusle, im Garte, drumrum. Grad im Sommer, wo's lang hell bleibt.

Die Chrischtl rennt ewig mit rosa Gummihandschuh rum. In're verbeulte, ausg'leierte Trainingshos mit so'me – Entschuldigung – faltige, freudlose Hinnertail, wo ai'm als Mann alles vergeht. Debei hätt die ohne die Hos e prima Figur. Der Wilfried klopft sich Mörtelstaub oder Sägmehl aus'm blaue Drillich. Sie wechsle en kurze, aber doch vielsagende Blick über mein Kopf weg, wenn ich schon am Küchetisch sitz. Ungefähr: Der hat uns grad noch g'fehlt. Oder: Also des hätt jetzt net sei müsse.

De Wilfried setzt sich zu mir. Was soll er mache? Aber er sitzt net bequem mit Druck nach unne. Net entspannt. Er legt sein Elektroschraubezieher nebe d'Blumevas. Sonscht kommt nix uff de Tisch. Im Wohnzimmer heult de Staubsauger un bollert gege d'Wänd. De Wilfried verzählt, was er grad g'schafft hat, bevor ich komme bin. Un was er noch g'schafft hätt, wenn ich net komme wär.

Sei Chrischtl fuhrwerkt in ihrer Küch rum. Immer e Spur zu laut. Sinnlose Handgriffe. Sie kleppert in de Besteckschublad, macht se zu. Sie holt Senf aus'm Kühlschrank, legt die Tub zurück. Sie schnuppert kurz an'me Zipfel Schwarzwurscht, wickelt'n widder ei. Sie zupft verwelkte Blätter vom Blumestock, wischt über de Wasserhahn. Zwischedurch guckt se vorwurfsvoll zu uns her, mehr zum Wilfried. Halb siebe. Ich merk, sie spielt uff Zeit.

Ich spiel boshaft mit. Dann steh ich uff, schlupf in mein Kittel. „Also Leut, ich pack's. Vielen Dank." Die Ironie kann se net gut überhöre. Jetzt kommt ein typischer Chrischtl-Satz im Konjunktiv Perfekt. So eine hinnerfotzige Mischung aus Möglichkeitsform und vollendeter Gegenwart.

Es kommt zu'me schwäbisch-badische Kurzdialog.

„Ah so, hätt'sch äbbes trinke welle?" – „Also wenn'd mi so frog'sch, däd i net nai sage." Schon sitz ich widder, häng mein Kittel über d'Stuhllehn. Ich bleib zum Veschper.

De Wilfried holt sei Krügle Moscht aus'm Keller. Oder er trinkt mit seiner Chrischtl e Fläschle Bier. Mit ihrem Moscht könne se mir net komme. Biertrinker bin ich net. Außer bei starkem Flüssigkeitsverluscht nach extremsportlicher Betätigung im Hochsommer. Aber des kommt bei mir net oft vor. Des wisse se alles. Trotzdem, die Chrischtl probiert's immer widder. Mir schwätze noch e Weile im Konjunktiv.

„Hätt'sch net mol unsern Moscht versuche welle?"

„Danke, Chrischtl, aber wenn i ehrlich sei dürft, s'wär mir net drum." – „Wie wär's mit'me Bierle?" – „Wenn i meh Durscht hätt, wär's mir Recht. Aber so? Lieber net." – „Sprudel könnt i dir no a'biete." – „Sprudel? Wär schad um des gute Veschper."

„I hätt no e Schlückle Wein vom Sonndag. Aber i däd beinah sage, es wär no e bissle früh. Falls du no äbbes schaffe wellt'sch."

„Also ich wüsst net, was ich heut noch groß vorhätt. Gege e Schlückle wär nix ei'zuwende."

Sie stellt mir die viertelsvolle Flasch nebe mei Veschperbrettle. Aber so, dass ich hör, des müsst net sei.

Wenn ich an den fünfzigschte Geburtstag vom Wilfried denk! Wochen vorher wollt die Chrischtl von mir wisse, ob ich solo komm oder jemand mitbring. Des hab ich damals beim beschte Wille net sage könne. Sie müsst des halt genau wisse, wege der Bestellung beim Partyservice, hat sie mich gedrängt. Mir hätte schier Krach kriegt. Weil ich g'sagt hab, eine Person mehr oder weniger, des sei doch wurscht.

Sie habe Einladunge verschickt. Wie Schmuck-Vordrucke zum Ausfülle, ob mer kommt oder net. Wenn ja, mit Anhang? Wieviele Persone? Anzahl der Kinder? Ich hab den computergraphisch verzierte Erhebungsboge für den Partyservice nach Erhalt in de Papierkorb g'schmisse. Des Scannerfoto vom Säugling Wilfried uff'm Bärefell hat beim Schreibtisch zu mir hochg'lacht.

Sie habe sich für den Partyservice von de Metzgerei Bäuerle entschiede. Bekannt für gute Qualität und reichliche Lieferung. Der Senior, de alte Bäuerle, hat schon früher mobil gekocht. Lang vor der Partyservice-Zeit. Spezialität Spanferkel. Ab zwölf Persone. Sein Junger hat jetzt des G'schäft ausgebaut und kulinarisch stark verfeinert. Aber mit Achtung vor der Tradition.

Hier kennt jeder den weiße Anhänger mit dem schwungvolle Schriftzug an de Seit. ‚Bäuerle's Spanferkel & Event Catering Gourmetservice'. Mit'm lachende Schweinle, dem e Hackbeil im Kopf steckt. Bei dem Firmenlogo hat sich der alte Bäuerle durchg'setzt.

Beim Party-Bäuerle muss mer für dreißig Leut nur etwa sechsezwanzig Portione bestelle. Erfahrungssach. Des langt gut. Aber net scharf kalkulierte ainezwanzig Portione! Des wird knapp.

Ich kenn mei Chrischtl. Sie hat vorsichtshalber mit mehrere Absage gerechnet. Es komme nie alle. Im letschte Moment wird immer jemand krank. Oder ruft a, er sei krank. Die acht Kinner hat se mit vier Portione ei'kalkuliert. Weil die beim Spiele im Garte sowieso nur beiläufig was esse.

Un dann sin se alle komme. Familie und Freunde. Die von de schwäbische un de badische Seit. Alle in Feierlaune un mit'me mordsmäßige, lang verschleppte Hunger. Die Kinner habe nimme im Garte g'spielt. Die Zeit war vorbei. Die habe sich im verdunkelte Zimmer am Computer gegeseitig d'Köpf weggedrückt. Mit fünf bis siebe Scheibe Lyoner mit Mayo in mehrere Schichte uff'm schnell z'ammegeklappte Brot.

Ihre Kiefer ware uff die Bissweite von so Döner-Wecke ei'gstellt. Oder von g'stapelte Frikadelle beim Triple-Burger. Sie habe nur beiläufig was g'esse, aber halt andauernd. Solang was do war. Allzuviel Zeit habe se net g'habt.

Es ware genau fünfedreißig Gäscht. Beim Wilfried seiner Begrüßungsrede hab ich se gezählt. Mit skeptischem Blick uff des Kalte Buffet vom Bäuerle.

Aus'm Schwäbische hat jemand noch ein Ehepaar aus der Partnerstadt in Frankreich mitgebrocht. Nette Leut. Aber net ei'geplant.

Ich bin zu meiner aigene Überraschung zu dritt komme. Kurz vorher hab ich im Bistro Hefezopf e Frau kenneg'lernt, die ich allerdings nach dem Fescht niemehr g'sehe hab. Und mein Sohn war noch debei. Ich hab net wisse könne, dass er schon e Woch vor de offizielle Semeschterferie haimkommt. Ich hab ihm pflichtgemäß e paar Vorwürf g'macht. Aber ich hab mich g'freut.

„Ach Papa, an'er Uni is so kurz vor'n Ferien ohnehin nich mehr viel los. Nich wirklich. Da hab ich mir gedenkt ..."

Wenn er von sei'm Studienort im Norddeutsche kommt, spricht er immer e Zeit lang gebrochenes Hochdeutsch. Er klingt mir fremd. Ich schmunzel innerlich. Ich kann's abwarte. Es dauert net lang. Dann schwätzt er widder normal. Er guckt routinemäßig in mein Kühlschrank. Weil er Hunger hat, aber ahnt, dass net viel drin isch.

„Eh, Vadder, sag mol! Den kann'sch genausogut ausschalte!"

„Will'sch du warmes Bier trinke?"

„Drei verschrumpelte Paprika, e matschige Tomat, alte Olive, igitt!"

„Bi'sch du vom Wirtschaftskontrolldienscht oder was? Ich bin momentan halt oft fort. Außerdem, kann ich wisse, dass mein Herr Sohn seine läppische zehn Woche Sommerferie um e Wöchle verlängert?"

„Jetzt komm net so, Vadder! – Bäh, den Käs schmeiß ich fort. Der Kühlschrank g'hört a mol ausg'wasche. Krass, eh. Gege den isch unser Kühlschrank in de WG direkt antiseptisch. Un gut g'füllt."

„Mach die Tür zu! Morge gehe mer esse. Am Montag kauf ich ei. Und heut obend sin mer ei'glade."

„Du, ich wollt mich aber um zehn mit e paar Leut in de Stadt treffe."

„Dann verschwind'sch halt diskret nach'm Esse."

„Bei wem isch des?"

„Bei Koflers drübe. De Wilfried wird fuffzich. Es gibt Kaltes Buffet."

„Bei Koflers? Sag bloß! Aber – ich bin doch net ei'glade."

„Schwätz net! Du bi'sch schließlich mein Sohn."

„Schon, aber."

„Übrigens geht noch e Frau mit. Ich wollt's dir nur sage. Sie kann jeden Moment klingle. Eine Eleonora oder Loreana oder so ähnlich."

„Du wir'sch doch noch wisse, wie die heißt!"

„Wenn ich se seh, fallt's mir widder ei."

„Du bi'sch gut. Des gibt's doch net, Vadder!"

„Mensch, die hab ich grad vor drei Tag kenneg'lernt! Tolle Frau! Also die isch a net ei'glade. Außer von mir."

„Ja super! Ausg'rechnt bei Koflers, bei der Chrischtl. Ich lass mir e Pizza komme un bleib dehaim."

„Jetzt geht's aber los! Glaub'sch du, ich nemm e wildfremde Frau mit un lass mein Sohn dehaim? Zum Wilfried, der dich schon uff de Schultere rumg'hutzelt hat, als du noch …"

„Als ich noch in d'Windle g'schisse hab, jaja."

„Genau. Woher wai'sch? Denkt dir des noch?"

Er hat sich uff de Küchestuhl falle lasse. Mit de Fingerspitze hat er die Kühlschranktür zug'schubst. „Oh Vadder, Vadder!" Wenn er in dieser Art Vadder zu mir sagt, dann isch er widder richtig dehaim.

Es hat g'schellt. Zehn Minute zu früh. Des kann ich net leide. Von mir aus kann jemand e halbe Stund zu spät komme. Stört mich net. Nur bitte net früher.

Als ich sie g'seh hab, hätt ich beinah die Tür widder zug'macht. So bin ich verschrocke. Ich hab Haltung bewahrt. Ich hab sie im Flur mit mei'm Sohn bekanntg'macht. „Paco, mein Sohn – Eleonora." Sie hat mich berichtigt. „Eliane, oder einfach Elli, sehr erfreut." De Paco hat en Diener g'macht. Wahrscheinlich vor Schreck. Sie hat bei'me Glas Prosecco im Wohnzimmer g'wartet, bis ich fertig war.

Vor'm Badspiegel hab ich mir e frisches Hemd zugeknöpft. Mit zittrige Finger. Des isch die Frau net. Des kann se net sei. Die kann sich doch in drei Tag net so verändert habe. Des gibt's net, hab ich immer widder zum mei'm Spiegelg'sicht g'sagt. De Paco hat sich durch de Badtürspalt gezwängt. Er zieht vorsichtig die Tür hinner uns zu. Sofort geht ein wildes Rumgefuchtel los, ein mühsam gedämpfter Streit, ein Hin- und Her-Gezische. Wie zwei Sizilianer, die Händel habe, aber net laut were dürfe. Er federt in d'Knie, schlagt sich an d'Stirn un deutet Richtung Wohnzimmer.

„Vadder, eh! Des isch net dein Ernscht! Sag was dezu!"

„Was soll ich sage? Des isch net die Frau."

„Net? Wieso schellt die dann bei uns? Aus Versehe? Dann erklär ihr des höflich un schick se widder fort!"

„Mir kommt's vor wie'n Spuk. Ich hab die annerscht in Erinnerung."

„Ja klar. Drei Tag sin lang. Sie isch halt e bissl älter wore. Wer waiß, was die inzwische durchg'macht hat? Es muss furchtbar g'wese sei!"

„Spar dir dei Ironie! Ich vertrag's im Moment net!"

„Was schätz'sch denn, wie alt die isch?"

„Hör zu, ich bin a nimme de Jüngschte."

„Aber deshalb brauch'sch noch lang net im Seniorestift oder beim Betreuten Wohnen uff Brautschau geh!"

„Herrgott, Bu! Des war halt so e laue Vollmondnacht drauße vor'm Hefezopf. Kerze uff'm Tisch. De Bach hat geglitzert. Die hat wirklich ganz annerscht ausg'seh."

„Un de Riesling hat geglitzert. Wahrscheinlich hat überhaupt alles geglitzert. Wai'sch wie mer sowas nennt? – Sich jemand schöntrinke!"

„Mein Gott, ja. Vielleicht. Sowas kommt doch vor."

„Do ha'sch aber ordentlich trinke müsse! Dann isch die noch so groß wie ich. En halbe Kopf größer als du! Hat dich net g'stört, gell?"

„Des hab ich net g'seh. Weil se g'sesse isch."

„Komm, egal. Des isch alles net s'Problem. Es gibt nette, sympathische ältere Dame in dei'm Alter. Aber die isch doch furchtbar!"

„Schrei doch noch lauter. Mach d'Tür uff!"

„Un wie die rumlauft! Total overdressed. Aufgedonnert! Wie durch Tüllgardine g'stürzt. Mit der kann'sch zum Opernball, aber net zum Gartefescht bei Koflers!"

„Hör uff, jetzt isch g'nug. Ich kann's nimme ändere. Jetzt geh halt in Gottsname raus un schwätz was mit ihr. Bis ich fertig bin."

„Ich? Ich denk net dra! Des isch deine Lady! Echt, ey, also …"

„Dann halt net, bitte! – Wie kann ein junger Mensch so mit Vorurteilen behaftet sei? Überhaupt, dieser Jugendwahn heutzutag! Dieser Körperkult! Jung, schön, schlank, glatt, attraktiv muss mer sei! Sonscht …"

„Spinn net, Vadder! Darum geht's doch net!"

„Ha doch! Was kann die Frau dafür, die jetzt einsam und vielleicht voll banger Hoffnung drauße im Wohnzimmer sitzt, dass ihr des Lebe eventuell übel mitg'spielt und seine Spuren hinterlassen hat? Wer waiß denn, welches Schicksal hinter der liegt?"

„Un du bi'sch jetzt zuständig, dass es ihr künftig besser geht, gell?"

„Was mach'sch denn? Ich will mich net wiege!"

„Ich stell dir nur die Waage hin. Zum Druffstelle. Als Rednerpodescht. Oder Wohltätersockel."

„Lass den Blödsinn bleibe!"

„Horch, Vadder, lass zehn Euro rüberwachse. Ich bestell mir e Pizza un en italienische Salat. Sage mer, fünfzehn Euro."

„Will'sch also partout net mit? Wege der Eliane, die du doch überhaupt net kenn'sch."

„Sag lieber Elli. Passt irgendwie besser. Oder Madame de la Gardine."

„Halt dei spitze Gosch! – Mensch, Paco, Bu, lass mich net im Stich un geh mit."

„Oh Vadder, net die Tour!"

Er isch dann doch mitg'ange. Zu dritt sin mer durch d'Gass marschiert. Ich wollt die Elli in unser Mitte nemme, ritterlich. Erziehungssache. Aber er hat immer zu meiner Seit g'wechselt.

An de Tür hat uns die Chrischtl begrüßt. Wie mer halt zwai Persone zuviel un zwai Portione zuwenig begrüßt. Um ihre Mundwinkel hat's leicht gezuckt. Aber sie hat sich schnell g'fasst, un mir ware herzlich willkomme.

Ich hab'm Wilfried mein G'schenk überreicht. Eine Magnumflasche Champagner. Un e Buch. Ein Führer durch alle Fabrik-Direktverkaufsadresse in Deutschland, mit genauer Beschreibung und Bewertung. ‚Auf Schnäppchenjagd' war de Titel. Er hat sich g'freut.

Nach der erschte badisch-schwäbische Attacke uff des Kalte Buffet war jedem klar, dass er sich beeile muss, wenn er noch was will. Manche sin mit ihrem Teller glei bei der weißgedeckte Tischtennisplatt steh gebliebe. Die habe's richtig g'macht.

Besonders die feinere Sache, die Delikatesse, ware sofort weg. Sie ware halt sparsam dosiert. Mehr als Dekoration fürs Aug gedacht, als zum sofortige Verzehr. Dass des Ganze einen Hauch von Luxus kriegt, was vorstellt.

Der Chrischtl ihr Sach isch des net. Die teuere Extra-Sächele, Garnele, Wildlachs, Gambas, Krabbencocktail, sogar Wachteleier hat se sich vom junge Bäuerle uffschwätze lasse. Ich hab die Verhandlunge beim Bestelle direkt g'hört. – Des muss net sei. Also gut. Drei.

Nach zwanzig Minute war des Buffet nur noch e stark angegriffene Wurschtplatt mit e paar Brocke Käs un Radiesle dezwische. Wo des Fischzeug war, bloß noch Zitronescheibe un Petersilie. Die Wachteleier ware alle fort. Ich hab ai'n beobachtet, der hat im scheinbar harmlose Vorbeischlendere vier, fünf Stück abgegriffe. In Hüfthöhe, ohne auffällige Armbewegung. Beinah wie'n Kaufhausdieb. Des war übrigens kainer von der schwäbische Fraktion, sondern ein Freund aus'm Badische. An so'me scharf kalkulierte Buffet verwische sich die Mentalitäte.

Mer sollt maine, wenn d'Leut doch sehe, dass was knapp wird, dann halte se sich e bissl zurück. Des glaubt die Chrischtl. Aber des funktioniert net. Das Gegenteil isch der Fall. Genau deshalb schlage se zu. Ärgerlicherweis immer bei dene Sache fürs Aug. Die putze se zuerscht weg. Niemand wär scharf uff so e Wachtelei. Schmeckt net besonders. Furztrockene G'schicht. Aber wer waiß, wann mer sowas widder kriegt. Und irgendwie habe se doch was Chinesisches im Beig'schmack.

Die Hemmschwelle vor'm letschte Stück wird oft überschätzt. Bei einbrechender Dunkelheit und mit steigendem Alkoholgenuss wird die niedriger. Die soziale Kontrolle entfällt. Dann wird die letschte Scheib Lachs direkt von de Platt mit de Finger in de Mund g'schlenkert. Oder im Halbdunkel, am Gartezaun, knackt jemand die letschte drei Krevette, als ob des Erdnüss wäre. Was mer net esse kann fliegt im hohe Boge über die Hecke zum Nachbar. An'me große Blatt wischt mer sich notdürftig d'Finger ab. Ich kenn des doch. Aber soweit isch's bei dem Fescht bei Koflers garnet komme. Des muss a net sei.

Nach der zwaite Angriffswelle hat des Kalte Buffet ausg'seh wie e Ablag für gebrauchtes G'schirr. Der Partyservice hätt's grad so mitnemme könne.

Wäre die Gäscht jetzt haimg'ange un hätte sich früh schlafe g'legt, wär jeder soweit satt g'wese. Aber es war erscht der Anfang von dem Fescht. Un es gibt Leut, die kriege später nochmol Hunger. Ich, zum Beispiel.

Oder de Willi, en gemainsamer Jugendfreund aus Karlsruh. Aus de Volksschul noch. Bei dem isch's ganz schlimm.

Wenn der Bier trinkt, kriegt er nach jeder volle Stund Hunger. So richtig Kohldampf. Dann braucht er dringend was zu Esse, sonscht wird er schwierig im Umgang, ohne dass er wüsst, warum. Vor allem mit seiner Isolde kriegt er dann gern Krach. Später entschuldigt er sich un isch widder friedlich. Aber erscht, wenn er was g'esse hat.

Zum Glück war die riesige Schüssel mit schwäbischem Kartoffelsalat, den die Chrischtl extra g'macht hat, noch halb voll. Der hat wirklich prima g'schmeckt. Zwai runde Laib Baurebrot ware noch übrig. Also ich hätt im Grund garnet mehr gebraucht, als den Salat un des Brot. Ihr ging's auch so, hat d'Chrischtl g'sagt.

Später habe mer den Kartoffelsalat uff de Tisch g'stellt. Alle habe direkt aus de Schüssel g'esse.

Nur des französische Ehepaar hat des net wolle. Verständlich, wenn mer d'Leut net so kennt.

Die Franzose habe mich gedauert – will sage, sie habe mir Leid getan. Bei der Freigabe vom Buffet habe se zu lang gezögert. Als ausländische Gäscht wollte se sich vielleicht net vordränge. Trotz mehrfacher Aufforderung von de verschiedene Gaschtgeber – allez manger, vite! – habe se sich net an die Buffetfront getraut. Den zwaite Ansturm habe se verpasst, weil zwischedrin kaum Paus war. Jetzt war's zu spät. Vornehme Zurückhaltung isch ja schön und gut. Aber mer kommt zu nix.

Der Paco hat sich net vornehm zurückg'halte. Deshalb war er vorläufig satt. Statt höflich zu verzichte, hat er sich lieber freundlich verabschiedet. So gege halb neun. Ich hab ihm en Schein zug'steckt. „Also große Sprüng kann ich mit dem net mache“, hat er gebrummt. „Des brauch'sch a net! Du studier'sch noch, Kerle!“ Ab und zu muss mer ihm des stecke, weil er's gern vergesst. „Schon gut, Vadder, vielen herzlichen Dank!“ Also gute Maniere hat er. Er bedankt sich immer.

Die Sach mit der Elli – Schwamm drüber. Ich kann mir bis heut net erkläre, wie des passiert isch.

Sie muss mir g'falle habe, sonscht hätt ich mich net mit ihr verabredet. Wahrscheinlich die Anziehungskraft vom Mond. Wenn die Ebbe und Flut bewirkt – warum net sowas?

Der Mensch besteht hauptsächlich aus Wasser. Er isch beinah so nass wie's Meer.

Du trink'sch Wein. Der vermischt sich mit dem Körperwasser, noch besser g'sagt, mit dem Wasserkörper. Der Mond zieht flutmäßig die ganze Flüssigkait als gut ei'gschenktes Rotweinschorle in dein Kopf. Es kommt zu Trugbilder, zu Täuschunge im Hirn.

Daher isch's mir so vorkomme, als hätt ich mich mit einer schöne Frau interessant unnerhalte. In Wirklichkait war des die Elli nebe mir, un vielleicht hab nur ich g'schwätzt. Ich bin mir a nimme sicher, ob ich bei unserer Verabredung was von Gartefescht g'sagt hab.

Von ihrer Garderobe, ihrem Outfit, her, war sie eher auf Essegehe in'me bessere Restaurant eing'stellt. Danach wär sie eventuell gern noch mit mir in ein Tanzlokal für reifere Jahrgänge g'ange. So mit Happy Fred an der Hammondorgel – ‚Mendecino, Mendecino …'. Und zum Ausklang – was weiß ich? Ich stell's mir lieber net vor.

Ich seh sie noch in ihrem prächtige Rüschen- und Spitzenkleid an dieser Biergarnitur sitze, ihr Lackhandtäschle uff'm Schoß. Sie rührt sich net vom Fleck, fühlt sich spürbar unbehaglich. Mit einem Sperrblick rundum gege jede Kontaktaufnahme. Vor allem gege solche von mir. Ich fühl mich verantwortlich, bemüh mich um sie. Wenn se schon mol do isch. So hab ich mir g'sagt.

Ich hol ihr vom Buffet geräuchertes Forellefilet. Sie probiert en Bisse. Legt ihr Serviett drüber. Beim Abtrage ess ich's kurz vor'm große Müllsack schnell fertig. Bei der Versorgungslage lasst mer net gern was verkomme. Jemand verzählt en Witz. Alle lache Träne. Sie schielt uff d'Uhr.

Um zehn reibt se sich d'Schläfe, klagt über fürchterliche Kopfschmerze. Migräne. Sie müsst laider geh. Ich reagier sofort verständnisvoll, beinah übertriebe mitfühlend.

Ach du lieber Gott, Migräne! Hätt ich früher selber g'habt. Grauenhaft.

In dem Fall gäb's nur ain's: Ein dunkler Raum, absolute Geräuschlosigkait, nasser Waschlappe uff d'Stirn, Brechschüssel ans Bett. Sie nickt un hängt die Goldkett von ihrem Handtäschle über d'Schulter. Ich spring von der Bank hoch, um sie zum Auto zu bringe. Kavalier bis zum bittere End. Der am annere Bankende, ganz am Schnäpperle, fallt mit'm Bierkrug ins Gras, kippt sich sei frischgezapftes Pils vor de Bauch. Grad wollt er's an d'Lippe setze.

„Herrschaftswält, do sagt mer doch äbbes!", schimpft er vom Bode hoch. Ich entschuldig mich, helf ihm beim Uffsteh. „Was passiert?" – „A wa, aber i hätt's liaber in mi nei, als an mir ra'gschüttet."

Ich hab die Elli zum Auto beglaitet. An ihrem Renault Clio habe mer uns mit baidseitiger Erleichterung für immer verabschiedet. Per Handschlag. „Gute Besserung wünsch ich Ihne", hab ich g'sagt. Schon vorher war uns dauernd des Sie rausg'rutscht.

Ich bin befreit zurück zum Fescht. Eine Bombenstimmung. Vielleicht hat der Alkohol stärker g'wirkt, weil die Grundlag net so mächtig war. Die viele Esserei macht nur träg. Wenn mer luschtige Gäscht will, derf mer se net überfüttere. ‚Froh zu sein bedarf es wenig, und wer froh ist, ist ein König' haißt's in'me Volkslied.

Der Benni hat schließlich sei alte Klampf aus'm Auto g'holt. Er gibt kai Ruh, bis mer ihn bittet, was zu spiele. Un dann hört er nimme uff, bevor d'Polizei kommt. Er hat sei ganzes Repertoire durchg'spielt. Von ‚House of the Rising Sun' bis ‚Heute hier, morgen dort'. Halt so Lieder aus unserer Generation, die mer immer widder höre könne muss.

Gege elf bin ich mit dem Schwager von de Chrischtl zur Tankstell g'fahre. Des zwaite Bierfässle hat hohl geklunge.

Un de Wilfried hat schon verlegehaitshalber verschiedene Präsentweine aus'm Keller g'holt, die er an Weihnachte von G'schäftspartner g'schickt kriegt. Mir habe acht Flasche Chianti un en Kaschte Pilsbier gekauft.

„Net dass du jetzt moin'sch, mir Schwobe seiet älle so. Die Familie Nägele ischt en Sonderfall. Die send b'häb, des wisset älle bei ons im Fläcke. Bei de Chrischtl ischt des aus'prägt. Mei Weib ischt net so. Die war äbe scho früh von dehoim wäg", hat der Schwager im Auto erklärt. „Ich waiß, net alle Schwobe sin typisch." Ich hab mir den blödsinnige Satz erscht überlegt, als er schon raus war.

Wie mir in d'Gass ei'biege, steige grad zwai Beamte in ihren Straifewage vor Koflers Haus. De Benni hat nimme singe dürfe. Niemand war deshalb bös. Mir habe mit'm Auslade g'wartet.

Die Chrischtl war verärgert über unsern Getränkenachschub. „Herrgott, des hätt doch jetzt net sei müsse, wo älle beinah gehe wellet! Kennet ihr de Hals net vollkriage?"

Sie hat net wisse könne, dass ein harter Kern bis zum Vogelgezwitscher im Garte hocke bleibt. Dass ihre Aalener Clique mit Kind und Kegel im Wohnmobil übernachtet und der Albin im Schlofsack unner'm große Kirschbaum. Dass de Benni im Car Port schloft, nebe'm Hackklotz als Ablage für sei letschtes Glas Shell-Chianti.

Sie isch e halbe Stund zu früh ins Bett. Sie hat net geahnt, dass zum Frühstück am Sonntagmittag widder zehn Leut um die Tischtennisplatt rum hocke, manche verkatert, aber alle gut gelaunt. Dass die ihr ratzfatz die gute Hausmacher Dosewurscht vom Pfullinger Metzger wegspachtle. Von Übernachtung mit Frühstück war in der Einladung net die Rede g'wese.

Ich bin haimgange. Klar, die paar Meter. Ich hoff nur, es hat mich niemand g'seh. Es war e schönes Fescht. Auch wenn die Chrischtl später g'sagt hat, es hätt net sei müsse, dass es so ausartet.

Der Wilfried verschwäbelt mitte im Badische. Aber er fühlt sich wohl. Er merkt's selber net. Es geht ihm mit seiner Chrischtl subjektiv so gut wie nie.

Was net sei muss, macht er gern nimme. Er verzichtet luschtvoll. Wenn annere Geld ausgebe un sich am Gegewert freue, dann freut er sich am Geld, des er noch hat, aber die annere nimme.

Des Haushalte un sparsame Wirtschafte von seiner Chrischtl macht ihm Freud. Des Sach z'ammehalte, zugucke könne, wie's mehr wird – vermutlich hat er ganz neue Glücksgefühle in sich entdeckt.

Wenn mer sei Ex-Frau gekannt hat, versteht mer die Wandlung oder Verschwäbelung vom Wilfried besser. Die Sylvie war des genaue Gegenteil von der Chrischtl. Die hat mit Vorliebe g'macht, was net sei muss. So schnell hat er garnet schaffe könne, wie die des Geld unner d'Leut gebrocht hat. Schon bei dem Wörtle Spare hätt die Frau Depressione kriegt. Wozu spare? Für wen? Die Sylvie hat vor Idee g'sprüht, was den sofortige Geldumlauf betrifft.

Im Haushalt hat die sich eher elegant bewegt. Oder häuslich lässig im seidene Hausanzug. Links Zigarillo, rechts Campari Orange im Sommer. Im Winter bevorzugt Cointreau. Immer Musik im Hinnergrund. Alles, von Salsa bis Vivaldi. Sie hat gern mitgeträllert.

Damals bin ich oft spontan zu Koflers rüber komme. Auf'n Sprung am späte Nachmittag. Ihn hab ich selte dehaim a'getroffe. Vor siebe, halb acht isch der kaum aus'm Gschäft komme.

Oft hat mir die Sylvie mit de Ellboge die Tür uffg'macht un isch mir uff de Ferse vorausg'ange, Wattebäuschle zwische de Zehe. Was hat die Frau ihre Nägel lackiert!

„Bedien dich, Gerd! Im Kühlschrank steht'ne angebrochene Flasche Champagner und Cassis. Mach dir'n Kir Royal! Oder lieber Campari?" Sie war eine großartige Gaschtgeberin. Amüsant, witzig, charmant, großzügig und erfrischend sprunghaft. Zum Glück war ich net mit ihr verheiratet. Ich hab net komme müsse un jederzeit gehe könne. Der Wilfried war mit der Zuständigkait für ihr Wohlbefinde finanziell und emotional überfordert. Aber des Lebe mit ihr war interessant. Dauernd.

Wenn ich zwische der Chrischtl und der Sylvie wähle dürft, würd ich auf die Wahl verzichte un kaine nemme. Aber wenn ich mich gezwungenermaßen entschaide müsst, dann halt in Gottsname für die Chrischtl. Aus reinem Ruhe- und Sicherhaitsbedürfnis. Ich brauch nimme laufend den Kick. Ich bin froh, wenn's mir gleichmäßig net schlecht geht.

Die Sylvie hat hervorragend Tennis g'spielt. Tango getanzt in der Gruppe für Fortgeschrittene. Sie hat Fernreisen minutiös geplant. Überhaupt, die vergnügliche Seit des Lebens hat die organisiert wie eine Chefsekretärin. Im Haushalt hat sich ihr Talent net entfaltet.

Im Schaffschurz hab ich die nie g'seh. Unvorstellbar. Ganz selte am Herd. Nur um zu gucke, was in de Töpf war. Vielleicht zu probiere. Dreimol pro Woch hat die Sylvie eine Kroatin engagiert, die im Haus e bissl durchgeputzt hat. Eine Seele von Frau. Die hat sich mit de Zeit zur Zugeh-Frau und Haushaltshilfe entwickelt. Des haißt, sie hat ei'gekauft un was vorgekocht. Kann sei, aus Mitleid mit dem Herr Kofler. Kann sei, weil d'Sylvie sie reichlich entlohnt hat. Für Arbeitserleichterunge war ihr nix zuviel.

Manchmol hat sie selber gekocht, besser g'sagt, was g'macht. Immer Tomatesalat mit Mozzarella. Gelegentlich hat se Fertiggerichte verfeinert. Für de Wilfried, net für sich. Der Mexikanische Feuertopf von Erasco hat nachher sein Name verdient.

Aber überwiegend ware se esse in bessere Lokale, wo sie der Chef persönlich begrüßt hat. Normale Wirtschafte, Clubhäuser womöglich, wo es laut zugeht un nach Pommesfett riecht, hätt die Sylvie net betrete.

Feines Esse in schöner Umgebung, im geschmackvollen Ambiente, war eine ihrer Leidenschafte.

Oder Shopping. Als ganztägige Freizeitbeschäftigung mit mehrere Latte-Macciato-Pause zwischedurch, wo mer sich mit Freundinne austauscht un sich gegeseitig in die Hochglanztüte gucke lasst, Seidenstoff befühlt, die Ware prüft. Zum Abschluss Prosecco.

Und komischerweis Taxifahre. Immer uff de Rückbank, im Fond. Nie vorne. Des war sowas wie'n Tick bei ihr, über den sich de Wilfried besonders g'ärgert hat. Des isch halt Erziehungssach. Ich versteh des. Ein Taxi benutzt mer nur in dringende Notfäll. Oder wenn's von der Firma bezahlt wird. Und sogar dann überlegt mer sich's noch.

Wege sowas habe die Krach kriegt. Wenn se net selber fahre wollt, gut. Aber dann könnt se d'Straßebahn nemme! Wie jeder vernünftige Mensch, herrgottnochmol! Sie hätt doch Zeit!

Der Vorschlag war für sie eine Zumutung, ein beinah brutaler Ausrutscher. Die öffentliche Verkehrsmittel ware für die Sylvie tabu. Ich waiß a net, warum. Vielleicht wollt se sich net mit dem große Haufe transportiere lasse. Die Sylvie im Linienbus – undenkbar.

Ich glaub, Taxifahre hat zu ihrem Lebensgefühl g'hört. Es hat irgendwie zu ihr gepasst. Sie hat wirklich verdammt gut ausg'seh hinner dem Chauffeur, einsam im Fond, mit ihre fünf Tragtasche vom Shopping. Aber ich hab gut schwätze. Ich hab's net bezahle müsse.

Es gibt eine gängige Redewendung hierzuland. Wenn mein badischer Stammesbruder über seine Verhältnisse lebt, kriegt er Schwaiß uff d'Stirn. Er wird von einer verzweifelte Großzügigkait gebeutelt, bis er sich zu einem wunderschöne Leichtsinn durchg'runge hat. In diesem befreiende Moment wischt er mit einer Handbewegung seine Bedenke weg. Ermattet von dem innere Kampf, sagt er: „Was soll's? Des macht de Bock a nimme fett!"

Dann isch ihm alles wurscht. Es gibt so eine Art badischen Fatalismus. Wenn schon, denn schon! Des letschte Hemd hat keine Tasche! Un mir lebe heut. Hoppla!

Ich hab die Wendung oft beim Wilfried g'hört, als er noch mit der Sylvie z'amme war. Er hat immer stärker g'schwitzt.

Aber es wär ihm nie in de Sinn komme, dass seine Sylvie ein Verhältnis hat. Noch dezu mit seinem unmittelbare Vorgesetzte im Betrieb. Der war eh schon e rotes Tuch für ihn.

Zufall. Er hat seine Jeans in de Wäschkorb g'stopft. Sei Feuerzeug hat er in're Tasch vergesse. Es fallt raus, verschwindet zwische der Wäsch. Er wühlt bis zu de Ellboge in dem Korb. Ganz unne greift er blind ein komisches Gewurschtel von Schnürle, Bänder un harte Knöpf. Er will sehe, was des isch. Es dauert, bis ihm klar wird, dass ein Strapsgürtel vor seine Auge baumelt. Sowas!

Die Sylvie tragt seines Wissens nur halterlose Strümpf. Er wühlt jetzt hektisch weiter. Sei Feuerzeug hat er vergesse. Er schichtet alles um. Er wird immer fündiger. Winzige Sächele, schwarze Spitze. Bodies, oberum wie abg'schnitte, unne mit offene Druckknöpf im Zwickel. Also des sei ihm damals dermaße nei'gfahre, hat er verzählt.

Es war im Winter. Sowas tragt kai Frau, ums unnerum warm zu habe. Bei fünf Grad minus wärmt en Strapsgürtel wenig. Jedenfalls net beim Spazieregeh im Freie. Sowas ziehe Fraue nur an, um's bei angenehmer Zimmertemperatur, eventuell im Hotel, auszuziehe. Oder sich's ausziehe zu lasse. Er hat die Sache nie an ihr g'seh. An den Strapsgürtel hätt er sich garantiert erinnert.

Er hängt die ganze Vorzeige-Kollektion über de Badwannerand. Die verkrumpfelte un verzwirbelte Schlüpferle, als solche kaum erkennbar, habe sich net hänge lasse. Sie sin net groß genug. Er hat se halbwegs in ihr ursprüngliche Form gezupft un uff de Rand g'legt. Als seine Sylvie von ihrem Aqua-Jogging kommt, stellt er sie zur Red.

Sie sofort umfassend geständig. Ohne jede Spur von Reue. Er sei schuld.

Er hätt sie als Frau vernachlässigt. Schon lang. Er redet sich raus. Ihren Lebensstandard hätt sie doch genosse. Aber jemand hätt des Geld verdiene müsse! Er wird lauter.

Dann der Mobbing-Stress mit diesem, diesem – er spricht den Name net aus. Er brüllt: „Warum grad mit diesem Arschloch? Diesem miese Intrigant? Mit dieser Lusche? Null Ahnung, nur e große Gosch!"

„Komisch, genau des sagt der Werner über dich", sagt die Sylvie in ihrer schnippische Art. Des hätt se net bringe dürfe.

Dem Wilfried haut's d'Sicherung raus. Er gibt ihr e Ohrfeig, von de Wucht her zwische Backpfeif un Maulschell. Schon beim Aushole hätt er sich bei ihr entschuldigt. Er hätt aber den Schwung nimme bremse könne. Bei de Verhandlung war des kain mildernder Umstand. De Bock war fett.

Ein Jahr lang hat er en große Boge um jede Frau g'macht. Bis zu der Führungskräftetagung von seiner neue Firma in einem schwäbischen Romantik-Hotel, einer ehemaligen Burg überm Neckartal.

Es klopft an sei Zimmertür. Die Frau von der Hotelwäscherei. Sie bringt zwai frisch gebügelte Hemde über Drahtbügel in Zellophan, sagt freundlich: „Grüß Gott". Plötzlich kniet se am Bode, krabbelt halb unner des Doppelbett. En Hemdeknopf war wegg'falle.

„Wartet se, des hend m'r glei!" Sie setzt sich uff die Armlehn vom Sessel, zaubert Nähzeug aus ihrer Schürzetasch. Hexeflink näht se den Knopf an de Krage. Sie verwahrt alles mit kurze, sichere Stichle, beißt den Fade durch. Fertig.

Der Wilfried guckt gebannt zu. Sowas hat er schon lang nimme g'seh. Sein Trinkgeld will se net nemme. Als er von sei'm Geldbeutel hochguckt, isch se verschwunde. Die Fee, die ihm grad den Knopf a'gnäht hat.

Eine Wärme unbekannter Herkunft steigt in ihm hoch. Vom Bauch in d'Herzgegend. Beim Referat über ‚Demographische Tendenzen in Deutschland aus versicherungstechnischer Sicht' mit anschließender Podiumsdiskussion spielt er unnerm Krawatteknote an dem Krageknöpfle rum.

Am nächschte Morge besucht er die Fee in de Wäscherei. Sie schwitzt. Sie schiebt Bettwäsch in de Bügelautomat. Er überreicht ihr mit leichter Verbeugung e Schachtel Praline aus der hauseigenen Confisserie. Für's Knopfdra'nähe. Sie streicht e braune Lock aus de Stirn un wird so rot, dass ihre Sommersprosse beinah verschwinde. „I bitt sie, des hätt doch net sei müese. – Dankscheh." Sie streicht sich über de Bauch. „So äbbes sott i oigentlich net ässe", lacht se. Er ruft: „Ach was! Bei ihrem Figürle!"

Zwai Woche lang hat mir der Wilfried von der Frau vorg'schwärmt. Dann hat er's nimme ausg'halte. Er hat in dem Hotel e verlängertes Wocheend gebucht. Es war, als hätt sie uff ihn g'wartet.

Schon bei ihrer erschte Begegnung hätt's zwische ihne g'funkt, sage se heut. Beim Knopfdra'nähe hätt's g'schnackelt. Er hat sich blitzartig in ihr solide frauliche Ausstrahlung verliebt. Sie sich in sein dankbare Blick, sei hilfloses Rumsteh. Der Wilfried hätt sie damals an en große, tolpatschige Hund aus'm Tierhaim erinnert.

Drei Monat später habe se g'heiratet, Hals über Kopf. Obwohl der Wilfried niemehr heirate wollt. Un die Chrischtl a net. Nachdem ihre zwai Bube un dene ihr Vadder aus'm Haus ware.

Mit der Chrischtl hat de Wilfried entdeckt, dass er e Küch hat. Sogar e Wohnküch. Wo also gekocht un rumg'hockt wird. Ein beinah erotisches Zentrum im Haus, wo sich alle Genüsse behaglich vermische.

Neulich hat er mich a'grufe. Es war Sonntagvormittag. Ob ich ihm kurz helfe könnt. Was trage. Mir habe e altes Lehnsofa vom Speicher runner g'schleppt. In d'Küche.

Von dem Sofa aus kann de Wilfried die Küchezeile überblicke. Er sitzt dort gern un guckt seiner Chrischtl beim sonntägliche Koche zu. Dabei trinkt er sein Moscht un lest ihr aus de Zeitung vor, was drauße in de Welt Kurioses passiert. Rubrik Verschiedenes. Vom Herd ziehe Soßedampfschwade zum Sofa rüber. Er freut sich uff's Esse, des gege zwölf immer feiner duftet un fertiger riecht.

Nach der Sofaschlepperei habe mir damals Probesitze g'macht. Der Wilfried hat Moscht aus'm Keller g'holt. Der hat mir in der Situation sogar irgendwie g'schmeckt. Die Chrischtl hat ihren Spätzlestaig g'schlage. Schöner Anblick, wenn mer runde, barocke Forme bei Fraue lieber mag, als des gotisch Spitzige. Die hier gängige Witzbehauptung, dass Schwäbinne kaine Tangas trage, weil se die später net als Putzlappe nemme könne, isch Blödsinn. Stimmt net. Jedenfalls net sonntags, wenn ich ahnungsweis richtig g'sehe hab. Ich hab mol verstohle zum Wilfried rüberg'schielt.

Der hat durchgängig selig g'lächelt. Ganz erschlafft im Hier und Jetzt.

Es hat beinah e bissl idiotisch ausg'seh. Ich glaub, so könnt er sich des Paradies vorstelle, ungefähr. Steigerunge sin immer noch drin. Er wär aber hochzufriede, wenn's dort im Jenseits grad so weiter ging. Es war der ideale G'sichtsausdruck beim Herzstillstand. In solche Fäll sage die Hinnerbliebene, mer hätt friedlich ausg'seh. Sogar heiter. Wie erlöst.

In der sonntägliche Sofastund beim Probesitze zwische elf und zwölf hab ich de Wilfried verstehe könne. Des Lebensg'fühl mit seiner schwäbische Chrischtl. Ich hab ihn sogar beneidet um des bodeständige, zuverlässige Langzeitglück. Besser könnt er's am Sonntag net habe.

Vielleicht hat jeder in sei'm verwinkelte Seelehaus so e Wohnküchle. Picobello sauber, obwohl regelmäßig gekocht wird. Die Brocke von're runnerg'fallene Frikadell könnt mer bedenkelos vom Bode esse. Mit volle Vorratsschränk, alles schon ersetzt, lang bevor's ausgeht. Ordnung bis in d'Schublade. Mit bezahlte Rechnunge im Regal unner'm Telefon. Mit Kontoauszüg un Zinsbescheinigunge vom Feschtgeld, des Gedruckte nach unne. Es müsst net jeder wisse, was mer uff de Seit hätt.

Wer hätt net gern so e Zimmerle, wo mer nahrhaft geborge, hauswirtschaftlich organisiert und weiblich versorgt in d'Zukunft hocke kann? En g'mütliche Zwai-Persone-Schutzraum vor de Welt. Halt e Plätzle zum Haimkomme von drauße.

Mit're Chrischtl, Bärbel oder Doris drin, die alles im Griff hat, sogar dich. Aber so sanft, dass du des net merk'sch. Die leidenschaftlich gern kocht. Weil se sich freut, wenn's dir schmeckt.

Ich stell mir vor, ich sitz uff so'me Eckbänkle im Wohnküchle. Ab und zu ruf ich über de Zeitungsrand: „Kann ich dir was helfe?" Vom Herd kommt zurück: „Im Moment net!" Beim Weiterlese sag ich noch: „Also wenn – aha, Schröder sagt Italienurlaub ab – wenn ich dir irgendwas mache kann, Salat schäle oder Zwibbel wasche, sag's!" – „Du könnt'sch de Tisch decke." – „Was?" – „De Tisch kann'sch decke!" – „Jetzt glei?" – „Es hat noch e bissl Zeit. So in zehn Minute könne mer esse." Ich les mein Artikel fertig, überflieg de Kommentar. Dann leg ich entschlosse die Zeitung weg, weil's so riecht, als könnt mer langsam decke. „So, was brauche mer alles? Messer, Gabel, Löffel, tiefe Teller, flache ... ach Gott, du ha'sch schon? Hätt'sch doch was g'sagt!" Mai gedachtes Dorle schöpft Supp. Es könnt Flädlesupp sei. Wege de Pfannkuche vom Freitag. In mei'm badisch-schwäbische Tagtraum-Wohnküchle verkommt nix.

In jedem von uns steckt stammesübergreifend ein Schwabe, der zum Ausbruch kommt, wenn mer net uffpasst. Verzeihung, wollt sage, der wundersam zum Vorschein kommt, wenn mer ihn lasst. An sich wär nix degege zu sage.

Des macht d'Welt g'mütlicher. Es sorgt defür, dass mer sich beim Garteumgrabe schwindelfrei hochdenke kann. Dass mer bei Luftsprüngle Gottes Erdbode net unner de Füß verliert, womöglich glaubt, mer sei zum Vergnüge uff de Welt.

Dass mer net in de Tag nei'lebt, sondern für weit mehr Zukunft vorsorgt, als mer hat.

Dass regelmäßig vorbeugend geputzt wird, net erscht dann, wenn de Dreck schon do isch. Der Schwabe in uns braucht zum Fege kain Dreck. Er isch schneller als die Verschmutzung. Wenn mer nach'm Putze kaum en Unnerschied zu vorher sieht, hat er sei Kehrwoch rechtzeitig g'macht. Wenn's wesentlich sauberer aussieht, war er zu spät.

Manchmol will ich des Schildle ‚Hausordnung' ai'fach zu meiner Wohnungsnachbarin rüberhänge, ohne zu putze. Dann schwätzt mir der innere Schwabe dezwische: Halt! Des gibt's fei net! Erscht fäge, dann nass! Ich hör net immer uff ihn. Mai Nachbarsfrau a net. Oft warte mer wochenlang uff de Dreck.

Des Schwäbische isch so eine Gefühls- und Gedankewelt – wie soll ich sage? Zwische Hölderlin un Schwarzwurscht. Zwische Bosch, Daimler, Schiller, Hegel, saure Kuttle un Moscht. Zwische Mischtverzettle un Relativitätstheorie, Dübellöcherbohre un Hocketse, Männerchor un Hausschlachtung. Redlich un durchtriebe, warmherzig un saugrob.

Ich steh zu dem Schwob in mir. Aber bitte, dosiert! E bissl langt! Un der Wilfried, mein Landsmann, übertreibt. Der wär sogar im Schwäbische verhaltensauffällig.

Vor allem ärgert mich sein beinah krankhafter Drang, alles billiger zu kriege, diese Schnäppchenjäger-Mentalität.

Er studiert die Sonderangebote in de Reklameblättle, macht Kringel mit Kuli, schneidet aus.

Wörter wie Geschäftsaufgabe, Räumungsverkauf oder Konkursmasse elektrisiere ihn. Steht an'me Schaufenschter ‚Alles muss raus! Gnadenlos reduziert!', isch er in dem Lade.

Seine Klamotte kauft er direkt ab Fabrik. Gern mit klaine Webfehler, also nochmol runnerg'setzt. Er lasst mich jedesmol schätze, was er bezahlt hat. Ich lieg immer drüber. Dann lacht er un sagt mir de Preis. Ich kann ihm e Freud mache, wenn ich ruf: „Des gibt's doch net!"

Zum Tanke fahrt er mit drei Reservekanischter nach Frankreich. Mit seiner Sylvie war er dort sündhaft teuer esse. Des Benzin hat bei der Rückfahrt grad noch über d'Rheinbrück g'langt. Des war egal.

Seit es die Billigflüg gibt, hat er sei Flugangscht beinah überwunde. Mit der Chrischtl bräucht er aigentlich nimme fliege. Die hat selber Angscht. Außerdem zieht's die net in ferne Länder. Südtirol sei ihr weit genug, sagt se. Trotzdem mache se öfter Kurzurlaub mit Ryan Air. Wo, isch ihne net so wichtig.

Kürzlich ware se für vier Tag auf Sizilien. Am Flugplatz hat jeder noch e Valium g'schluckt. Wenn der Flieger kurz vor Palermo ins Meer abg'stürzt wär, was se drei Flugstunde lang net g'hofft habe, dann wäre se immerhin zu zwait relativ weit spottbillig g'floge.

Im hiesige Freundeskrais hat der Wilfried inzwische den haimliche Spitzname ‚De Nächschtmol'.

Es lauft immer so ab. Mir kehre zu sechst irgendwo ei. Zum Beispiel bei einer Radtour in're Gartewirtschaft. Jeder trinkt e Bier. Einer von uns übernimmt die ganze Zeche, um der Bedienung die Rumrechnerei zu erspare. Des macht mol der, mol der. Kein Thema. Ob ainer ein Bier mehr oder vielleicht e Brezel g'habt hat, egal. Unnerm Strich gleicht sich des immer aus.

Wenn's ans Bezahle geht, schwätzt de Wilfried lauter un guckt in de Gegend rum. Besonders intensiv zum Himmel. „Heut kommt noch was. Es sieht nach Rege aus."

Die Bedienung kommt. Er sucht uff'm Bode sein Fahrradschlüssel. „Alles z'amme." En Schein wandert über de Tisch. „Mache se grad siebzehn." Sie bedankt sich, gibt drei Euro raus. „Schöne Tag noch."

Jetzt kommt de Kopf vom Wilfried hoch. Er zieht sein Werbegeschenk-Geldbeutel von de Volksbank aus de hinnere Hosetasch. „So, was war's bei mir?"

Allgemaines Abwinke. „Lass! Schon erledigt."

Er schimpft, des käm garnet in Frag. Aber de Geldbeutel hat er schon zugeklappt un in d'Tasch g'schobe. „Also gut, aber s'nächscht Mol bin ich dra!"

Jedesmol zahlt er beim nächschte Mol. Er zieht halt de Geldbeutel langsamer, als er'n ei'steckt.

Mir wollte ihn schon umerziehe, habe vorher ausg'macht, dass mer ai'fach stur hocke bleibe. Niemand zahlt. Irgendwann müsst er schließlich haimgeh. Dann wär er dra.

Es war an'me Samstagmittag im Hefezopf. Dort treffe mer uns immer nach'm Markt. Nur für e halbes Stündle. Tässle Kaffee. Gläsle Wein.

An dem Tag sin mer lang gebliebe. Mir wollte de Wilfried aussitze. Bis er mol für uns mitbezahlt. Er wird immer nervöser, guckt dauernd uff sei Uhr.

Er hätt seiner Chrischtl versproche, dass er heut de Jägerzaun un des Garagetor streicht. Niemand hört ihm zu. Mir diskutiere absichtlich temperamentvoll über Lokalpolitik, lasse ihn zapple. Er wird belauert. „Was isch? Geht ihr mit?“, fragt er entnervt. De Benni wettert gege die Sperrstund in de Stadt. Gege den Filz im Rathaus.

Endlich, de Wilfried streckt de Arm hoch. Er isch sofort im Mittelpunkt unserer Aufmerksamkait. „Ich hätt gern d'Rechnung, Andrea!“ Mir zwinkere uns zu. Er hat was begriffe! Er hat's kapiert!

Von ihrer Bonkass an de Thek ruft die Andrea zurück: „Augeblick! So. Alles z'amme, oder?“ Mir drücke uns von de Stühl hoch, rufe wie aus einem Mund: „Jaja, z'amme! Mach net lang rum!“

Was der Wilfried g'sagt hätt, wisse mer bis heut net. Plötzlich steht sei Chrischtl nebe ihm am Tisch, blass vor Zorn. Aber ich muss sage, sie hat sich gut beherrscht. Sie wollt ihn vor de Leut net blamiere. Sie hat ganz ruhig g'sagt: „Do bischt du? Des ha i mir beinah denkt. I ha im Drogerielädle driebe no äbbes z'kaufe. In fimpf Minute ben i dehoim. Komm'scht no au, gäll? M'r hend no G'schäft, du woi'sch!“

Sie hat uns e schönes Wocheend g'wünscht. Aber ihr Blick über unsere Runde war wie'n Senseschnitt, die Schneide mit Samt umwickelt. Kehrtwendung. Zackiger Abgang.

Mit dem Wilfried war nimme zu rede. Er war völlig verwirrt, nebe de Kapp. Im Stehe klopft er an sich rum, macht eine hektische Leibesvisitation an sich selber. Ohne Ergebnis. Er wischt sich über d'Stirn, beugt sich nebe mir in Ohrhöhe. „Sei so gut, Gerd, mach du des. Ich muss los. Zwei

Schorle ware des. Oder drei? Die Andrea wird's wisse. Dank dir." Beim Rausgeh ruft er noch: „S'nächscht Mol bin ich dra!"

Niemand im Lokal hat begriffe, warum mir nach e paar sprachlose Sekunde so laut g'lacht habe.

So, jetzt aber!

Bevor ich vor lauter G'schichte de Fade in der G'schicht endgültig verlore hab, meine Leser und Zuhörer verärger und meine Kritiker e Freud mach, zurück zu mei'm schwierige Billigrose-Kauf beim Rapp. Und zu dem kurze After-Work-Besüchle vom Wilfried am folgende Mittwoch. Ende Juli im vergangene Jahr. Jetzt kennt mer wenigschtens die Umständ un d'Leut besser. Und vielleicht kann mer mich e bissl versteh. Ich bin kein boshafter Mensch.

De Nächschtmol, de Wilfried, hat sich damals über die viele Rose in mei'm Wohnzimmer g'wundert.

„Sag mol, wie sieht's denn bei dir aus? Wo sin die her?", wollt er sofort wisse. Ich hab de Kork von der Rieslingflasch g'hebelt. „Wer? Was? Ach so, die Rösle? Die hab ich schon seit Samstag. Sehe noch gut aus, oder? Sitz her! Wie war's im G'schäft?"

Ich hab ihn schmore lasse. Ich kenn seine Neugier in solche Fäll. „Normal, der übliche Trott", hat er g'sagt un zu dene Sträuß gedeutet. „Also sowas kauft mer sich net! Oder bi'sch in dich selber verliebt?" Ich hab ganz ruhig unsere Gläser vollg'schenkt. „Zum Wohl! Die halbe Woch wär widder rum. Abg'hakt." Er lasst net locker. War mir klar.

„Zum Wohl! – Frauebesuch am Wocheend?" – „Ach was! Wieso? Ich war solo in Karlsruh. Beim Open-Air." – „Wie bi'sch dezu komme?" – „Ich bin doch jedes Jahr dort. Immer mit de Stadtbahn!" – „Zu dene Rose, main ich! Komm, sag schon, woher sin die?“ Ich hab mich mit'me Schlückle Wein im Mund genüsslich zurückg'lehnt. „Die hat mir de Rapp g'schenkt.“

Ich waiß net, warum ich des g'sagt hab. Vielleicht wollt ich nur seh, was er für e G'sicht macht. Die Wirkung war enorm.

„Was? G'schenkt?“, hat er g'rufe. „Vom Rapp, dem Geizhals? Wie ha'sch des g'macht? Komm, verzähl!“ Sein Kopf kommt näher. Er hört zu, de Mund halb offe. So macht mir des G'schichteverzähle Spass. Ich bin mir vor'komme, wie bei'me Kurs für fortgeschrittene Schnäppchenjäger.

„War garnet so schwer“, hab ich g'sagt. „Mit psychologischem Timing, mit e bissl Menschekenntnis.“

„Konkret! Was ha'sch g'macht?“

„Ich hab exakt den Moment abg'wartet, wo er schon ang'schnallt im VW-Bus sitzt un grad losfahre will. Aber der Motor derf noch net laufe. Des wär zu spät.“

„Aber – also des kann doch kain günschtiger Augeblick sei, um ihn ...“

„Doch! Grad! Dann hat er eine Art Identitäts-Vakuum.“

„Was? Was hat er? Nochmol, bitte! Deutsch, wenn's geht.“

„Er fühlt sich nimme als Händler, aber noch net als Privatmann.“

„Ich versteh immer noch net.“

„Herrgott, er hat d'Schnauz voll un will heim! Des haißt, er möcht nimme verhandle. Außerdem hat er de Schlüssel vom Kässle schon im Hosesack. Des sin so Klainigkaite, aber sie spiele e Roll.“

„Also der Schlüssel wär doch schnell rausg'holt.“

„Von wege! Kram du mol dein Autoschlüssel aus'm unnere Zipfel von de Hosetasch, wenn du schon ang'schnallt drin sitz'sch. Unnerm Hüftgurt durch im rechte Winkel um d'Eck rum. Un in de Mitte kann'sch dich ums

Verrecke net so hochdrücke, dass du grad genug wir'sch, um an den Schlüssel zu komme. Es langt ärgerlicherweis immer nur beinah. Nie erlebt?"

„Doch. Aber dann schnall ich mich halt los un steig notfalls nochmol aus."

„Du. Aber er net. Des isch ihm zuviel."

„Alles gut un recht. Nur, warum gibt er sich überhaupt mit dir ab? Er kann doch ai'fach losfahre. Feierobend! Tschüs!"

„Klar. Wenn du Pech ha'sch, macht er des. Ich hab halt Glück g'habt. Guck dich doch um! Ich hab en gute Tag bei ihm erwischt."

„Was ha'sch denn überhaupt zu ihm g'sagt?"

„Ich hab de Kopf durchs Seitefenschter g'steckt. Hab höflich g'frogt, ob er noch e paar Rösle zum Last-Minute-Preis für mich hätt. Er däd nimme de Arsch lüpfe, hat er g'sagt. De Hänger sei net abg'schlosse. Ich sollt mir was raushole, aber die Tür widder gut zumache."

„Un die Rose hat er dir – g'schenkt?"

„Zwölf Euro wollt er noch habe."

Der Preis war des ainzige, was an meiner ganze G'schicht g'stimmt hat. In dem Moment war mir net klar, wie ich weitermache könnt. Aber wenn mer mol zu schwindle ang'fange hat, kann mer net grad uffhöre.

„Also die ha'sch dann doch bezahle müsse", hat de Wilfried vermutet.

„Ne. Ich hab ihm en Hunnert-Euroschein ins Auto g'streckt. Er hat e bissl g'mault. Ob ich's net klainer hätt? Kurz hat er probiert, de Schlüssel zu sei'm Kässle aus de Hosetasch zu kriege, durch de Stoff hochzuschiebe. Er hat mit de Zigarr im Mund g'schwitzt un g'schnauft wie ein Walross. – Du, plötzlich lasst er d'Ärm hänge, macht d'Auge zu. Drei, vier Sekunde lang sitzt er reglos im Auto, atmet tief durch d'Nas. Ich hab schon befürchtet, er hätt's am Herz. Dann hat er mir mei Hand mit'm Geldschein wegg'schobe.

Er winkt müd, aber net unfreundlich ab, dreht de Zündschlüssel um, fahrt langsam los. Ich sollt die Rose schräg a'schneide, hat er noch aus'm Fenschter g'rufe. So war des."

Der Wilfried hat mir zug'hört wie e Kind, bei dem mer jedes Wort genau im G'sicht verfolge kann.

Mir habe s'Thema g'wechselt, aber er war nimme bei de Sach. In sei'm Kopf hat's g'schafft. Nach zwanzig Minute hat er gehe müsse. D'Chrischtl hätt s'Veschper g'richtet. An de Tür bleibt er nochmol steh. Er guckt zu dene Rosesträuß un kratzt sich am Kopf.

Es war mir klar, dass er den Trick mit de Rose sobald wie möglich selber ausprobiert. Schon um Schnäppchenjäger-König zu bleibe. Aber die mögliche Folge hab ich net vorhersehe könne. Ich bin an sich kain bösartiger Mensch. Ich wollt wirklich net, dass ihm sowas passiert.

An dem folgende Samstag hab ich mol widder mein Schreibtisch umg'stellt, die Sitzposition verändert. Des mach ich regelmäßig. Der Blick über diesen wunderschöne Marktplatz lenkt ab. Dort passiert nie viel, aber immer was. Es menschelt durchgängig int'ressant. Oft guck ich nur raus, um zu kontrolliere, ob sich alles pünktlich wiederholt.

Dann die Hochzeite vor'm Rathaus. In de Saison jeden Tag vier. Blechbüchse kleppere hinner schicke Sportwage. Schöne Bräut, wo mer gern de Bräutigam wär. Annere, wo mer sich freut, dass mer's net isch. Dort unne isch immer was los.

Platzkonzert, Hamburger Fischmarkt, Straßefescht, Rocknight ‚Summer in the City' mit schrankgroße Lautsprecher, Demo gege Betriebsschließung, Kinnerflohmarkt, Fahrradcodier-Aktion von de Polizei, verkaufsoffener Sonntagsbetrieb, Eröffnung der närrischen Kampagne mit Rathausbesetzung, Schlüsselübergabe un Guggemusik.

Umzüg. Fastnachtsumzug, Martinsumzug, Trachtenumzug. Heimattage mit Ehrentribüne und Bad'nerlied.

Drehorgelspieler, besser Leierkaschtemänner, in Wahlzeite von de örtliche CDU engagiert. Nach're halbe Stund könnt ich mit'm Kopf an d'Wand renne.

Offizielle Empfäng, Partnerstadtbesuch, Gruppebild am Rathausportal, nach Größe g'staffelt. Sibyllatage, Champagnerwoche.

Schlossfestspiele mit Theaterdonner un Blechfanfare. Getrippel zum Schlosshof. Rausgeputztes Publikum mit campingartigem Gepäck, Sitzkisse, Decke in Plaschtiktüte. Stimme unner mei'm Fenschter: Wenn mer so sitzt, wird's halt doch frisch, gell. Grad von unne her. Also wenn mer friert, hat mer nix vom Stück. So spannend, dass mer s'Friere vergesst, wird's net sei. Die Kritik in de Zeitung war net besonders.

Liebespaare am Georgsbrunne, momentan unzertrennlich. Alte Leut mit Gehwägele, Inline Skater, einsame Spaziergänger, Wandererrudel.

Nachts die Besoffene, die aus enge Gasse komme, plötzlich die Hauswänd vermisse. Die uff dem weite Platz die Orientierung verliere, hilflos ins Leere greife. Navigationspaus am Fahnemascht. Die Stirn ans Holz g'lehnt. Kursbestimmung, bevor se weitertreibe.

Es gibt immer was zu gucke. Un wenn net, guckt mer trotzdem, weil des net sei kann.

Was hab ich mein Schreibtisch schon rumg'schobe! Dass ich besser schaffe kann, net abg'lenkt bin.

Blick zur Wand. Nur die waiße Wand. So kann ich mich prima konzentriere, aber es fallt mir halt nix mehr ei. Wenn ai'm beim Konzentriere nix eifallt, wird mer rammdösig.

Also, radikale Umstellung. Des Fenschter im Rücke, Blick ins Wohnungsinnere. Kommt Besuch. Sagt sofort, des sei schlecht für des seelische Wohlbefinden. Nach der japanische Wohnphilosophie, dem Feng Sushi oder wie des haißt, dürft ich so net sitze. Ich hab des eher körperlich g'spürt. Nackeschmerze vom dauernde Rumgucke.

Ich stell den Tisch schräg über Eck, im richtige Winkel zum Fenschter. Genau so, dass ich mit einer minimalen Kopfdrehung wahlweise raus und widder uff mei Schreibmaschin gucke kann. Ein Kompromiss zwische notwendiger Konzentration und vergnüglicher Ablenkung. Am Blickfeldrand rechts, zum Fenschter, darf ich nur verschwommene Bewegung uff'm Platz erkenne, die net weiter stört. Dann sitz ich richtig. Muss ich ausprobiere.

Blick voraus – Blatt Papier. Gut. Winzige Drehung – de Wilfried! Jetzt spring ich hoch un guck raus.

Er bewegt sich ganz sonderbar voran. Direkt wunderlich. Er hinkt oder humpelt aigentlich net. Dazu braucht mer immer ai'n g'sunde Fuß. Aber er will anscheinend mit baide Füß de Bode net berühre. Bei jedem vorsichtige Schrittle balanciert er mit de Ärm, klappt in de Mitte elastisch z'amme. Es sieht aus, als wollt er sich von hinne an jemand anschleiche, absolut geräuschlos, um die Überraschung net zu verderbe.

Ihm dann d'Auge zuhalte un rufe: Wer isch's?

Ich lehn mich aus'm Fenschter. Es gibt niemand vor ihm. Der Marktplatz isch beinah leer. Es wird schon g'fegt. Ich renn aus de Wohnung, net ohne im letschte Moment de Schlüssel net zu vergesse. Mir kommt en schlimmer Verdacht.

De Wilfried sitzt uff're Bank beim Narrebrunne. Der sandsteinerne Hofnarr, der Hans von Singen, guckt mit seiner Proletevisage gehässig zu ihm runner, des Schandmaul mit hängender Unnerlipp halb offe. Als wollt er über den arme Wilfried herziehe, zum Schade noch für de Spott sorge.

Der Wilfried hat Schuh un Socke ausgezoge. Mit schmerzverzerrtem, käsweißem G'sicht bewegt er seine Zehe.

Der Rapp, der Idiot, sei ihm über d'Füß g'rollt. Mit de Hinnerräder vom VW-Bus. Dann noch mit'm Anhänger. Des sei so verdammt schnell g'ange. Er sei nimme z'rück komme. Er sei wie g'lähmt g'wese von dem dumpfe Schmerz. Jedes Wort presst er raus.

Absicht vom Rapp? Nai, des glaubt er net. Also net direkt. Aber in jedem Fall grob fahrlässig. Saugrob fahrlässig. Der Rapp hätt ihn hunnertprozentig am Seitefenschter g'seh. Er hätt stur gradaus geguckt, ihn ai'fach ignoriert. Dann hätt er mit'me knallrote Kopf de Schaltknüppel vorg'schlage, sei mit viel zuviel Gas losg'fahre.

Er hätt noch Glück g'habt. Am Standplatz vom Rapp sei momentan s'Pflaschter rausg'risse. Kabelverlegung. So hätt's ihm d'Füß in den waiche Sand gedrückt. Mir gucke uff seine Füß.

Der schwachsinnige Berufsspaßmacher über uns hat ausg'seh, als wollt er sage: Wunderbar g'schwolle, schön rot, prächtig durchblutet. Aber leider das falsche Organ. Schade, Monsieur!

Ich hab de Wilfried haimwärts beidseitig stütze müsse. Er hat mir de linke Arm um d'Schulter g'legt. Rechts hab ich ihn am Gürtel hinne hochgezoge, dass er insgesamt e bissl leichter wird.

Tagesschau im Erschte. Telefon. Die Chrischtl. Ob ich den Wilfried net in die Unfallambulanz fahre könnt. Zum Röntge. Er hätt Schmerze wie e Stückle Vieh. Er käm in kain Schuh mehr. Ich wüsst doch, dass sie mit'm Auto so ungern in d'Stadt fahrt. „Kein Thema“, hab ich g'sagt. „In drei Minute bin ich drübe!“

In der Notaufnahme vom Städtische Klinikum war Hochbetrieb. Frühe Alkoholvergiftunge, blutige Nase, Platzwunde, Schürfwunde, Schnittverletzte, Knochebrüch. E Büble hat e Sicherhaitsnadel verschluckt, hoffentlich zu. Röntge. Brandverletzte von're Grillparty, alle noch rußig. Spiritusaufguss. Ein lebensmüder Tabletteschlucker, Gott sei Dank zu früh entdeckt, schläfrig noch, aber nimme somnolent und komatös wie bei der Einlieferung. Mage ausgepumpt. Ein Skateboarder, frisch aus der Half Pipe. Wahrscheinlich Schlüsselbeinbruch. Sein Kumpel, Kappeschild nach hinne, de Hosearsch zwische de Knie hänge, tragt sei Brettle. Ein schon älteres Ehepaar mit Inline Skates. Die Frau wartet krumm im Stehe, gege die gelbe Wand g'stützt, weil se sich net setze kann. Überall gepanzert, bloß dort net. Einer philippinische Küchehilf in'me Ausflugslokal hängt vom Zwibbelschneide de Daume weg. Sie jammert in ihrer Landessprach Tagalog. Ihr Chef, Blutflecke am Sakko, erklärt. Ein Reisebus sei komme. Unangemeldet. Terrasse plötzlich voll. Mit hungrige Leut, die sofort ihr Esse wolle. Weil se weiter müsse. Hektik in de Küch. Dra'nähe. En besoffener Schlägertyp, glatzköpfig, torkelt durch de Flur. Er staucht an d'Stühl, boxt gege d'Wand, brüllt rum. Alles guckt weg. Er hat en Mordszorn und en Messerstich in de Schulter. Zunähe.

Mitte in dem Elend, der Wilfried un ich. Seine Füß stecke in dicke, graue Wollsocke. Endlich ruft e Frauestimm: „Herr Kofler, Wilfried!" Er strafft sich. „Jawoll!"

Ich helf ihm in den Behandlungsraum. En junger Arzt spritzt sich Desinfektionsmittel in d'Händ. Die Schwester entsorgt Verbandszeug. „Na, Herr Kofler, wo fehlt's denn?" – „En Blumetransporter hat mich do unne überrollt."

Die Schwester dreht sich verschreckt um. Der Arzt runzelt d'Stirn. Fragender Blick zu mir. „Ein VW-Bus mit Anhänger isch ihm über d'Füß g'fahre."

Er kapiert. „Aha. Und der hatte Blumen geladen?" De Wilfried nickt. „Genau!"

„Na ja, besser als ein Tieflader mit'ner Planierraupe drauf. In dem Falle könnten wir uns die Amputation sparen", lacht der Doktor. Bei der Arbait wird mer so, hab ich überlegt.

„Schauen wir uns das mal an. Legen sie sich hierhin, bitte."

„Danke. – Uff de Buckel?"

„Wie? Ja, in Rückenlage. – Schöne Socken. Urig. Handgestrickt?"

„Ja. Ich net. Mei Frau. Zum Wandere. Baumwoll. Schluckt de Schwaiß."

„Ob's mit dem Wandern in nächster Zeit was wird, sehen wir gleich, Herr Kofler."

„Mache se kai Sache!"

„So, ich zieh ihnen jetzt vorsichtig die Socken aus."

Ich hab g'sagt, dass ich drauße wart.

Es hat ewig gedauert. Warte in de Röntgeabteilung. E Kärtle mit de Nummer 27 in de Hand. Den Befund von Nummer 27 abwarte. Zwischedrin besonders eilige Notfäll.

Langweilig war's mir net.

Nebe mir sitzt en alter Mann im Klinik-Rollstuhl. Braune Cordhos, kariertes Flanellhemd, Hoseträger, Schaffkapp wie früher die Poschtler, Schild nach vorne. Der Mund wie'n Schlitz im graue Stoppelbart. Seine Zähn fehle. Er stöhnt leis.

Ländliche, beinah bäuerliche Familie um ihn rum. Sie schwätze halb zu mir, als sollt ich was dezu sage.

Der Sohn: „Was muss der mit achtzig noch im Apfelbaum rumturne?"

Schwiegertochter: „Wege dem blöde Apfelsaft. Die Kids trinke doch O-Saft oder Cola viel lieber. Aber so isch halt die Kriegsgeneration. Nix verkomme lasse! – Die änder'sch nimme!"

Enkelbüble, großspurig: „Aus sechs Meter hat's ihn runnerg'wäsche, ey!"

Er zieht e Taschelamp raus. Leuchtet zum Flurende, dann mir ins G'sicht.

„Mit meiner Maglite hab ich im Gras sei Gebiss g'sucht. Aber d'Kapp hab ich g'funne, gell Opa!"

Bruder, starke Ähnlichkait, de gleiche Baureschädel: „Unkraut vergeht net! Was uns nicht umbringt, macht uns stark! – Die Zehntbauers sin e zähe Rass!"

Schwiegersohn: „Jede Wett, Paul! In acht Tag beim Sommerfescht von deine Hasebocker steh'sch du widder am Zapfhahn! Ohne dich lauft doch nix! Klar?" – Zu mir: „Des braucht er jetzt."

Tochter: „Hasch arge Schmerze, Vadder? Sag doch was! Warum sag'sch denn nix? Sag wenigschtens, warum'd nix sag'sch!" – Zu mir: „Er sagt nix. Er will ai'fach net schwätze!"

Mutter: „Jessesmaria, so e Kreuz! So e Elend! Lieber Herrgott!"

Zwaiter Bruder, ähnlich, aber deutlich jünger: „Lisbeth, ich bitt dich, hör mit dem fromme Gejammer uff!" – Zu mir: „Des macht's doch nur noch schlimmer. Die Weiber!"

Mit'me Spitzetüchle vor'm Mund geht die Mutter Zehntbauer vor der gelbe Klagemauer auf un ab. Sie straichelt dem Verletzte de Backe. Dann sagt se unner Träne zu mir: „Um des Himmels heilige Wille, wenn der mir nimme uff d'Füß kommt, ich kann doch den schwere Mann net rumlüpfe!" Sie bekreuzigt sich innerlich. Es riecht nach 4711 Kölnischwasser. „Sehe se mol net so schwarz", sag ich.

Aus dem Behandlungsraum dringt e Stimm durch de Türspalt. Ob mer Zehntbauer net vorziehe sollt. „Zehntbauer, Paul!", ruft die Schwester. Der ganze Familienpulk drängt hinner'm Rollstuhl her zur Tür. Ich wär beinah mitg'ange. Dem Paul hab ich noch schnell mei Hand uff de Arm lege könne. „Alles Gute, gell!" Die Schwester versperrt den Türrahme. Die Figur dezu hat se g'habt. „Stopp! Nur seine Frau. Warte sie bitte im Flur!"

Endlich de Wilfried, am End von dem lange Gang. Er schwingt sich durch zwai Krücke, als hätt er des trainiert. Er lacht, wirkt sichtlich erleichtert. „Alles paletti! Halb so schlimm!“, ruft er schon von weitem. Ich deut uff die Krücke. Ja, die bräucht er halt e paar Tag. „Hauptsach, nix gebroche! Nur Prellunge.“ Könnt langwierig sei, e bissl schmerzhaft am Anfang, hätt de Arzt g'sagt. Was zum Ei'reibe un Schmerztablette hätt er mit'kriegt. „Nette Ärzt, freundliche Schwestere. Also wenn ich widder was hab, nur hierher.“

Er setzt sich uff'n orangefarbene Schalesitz, um die Chrischtl a'zurufe. Die Nummer hat er schon g'wählt. Verbindung kommt. „Hallo Schätzle, ich bin ...“

Im Vorbeigeh schnappt ihm e dunkelhäutige Schwester des Gerätle vom Ohr un drückt de Ausknopf. Sie deutet zu'me runde Kleber an der Automatiktür. „Du nix Augen? In Haus keine Handy! Gehen in die Park! Dort blabla, egal!“

„Freundliche Schwestere“, hab ich gegrinst. „Von ihrer resolute Feldwebelart her isch die prima integriert.“ – „In Deutschland lernt mer halt de Umgangston schneller als d'Sprach“, hat de Wilfried g'sagt. „Auf, gehe mer raus an die frische Luft!“

Er krückt nebe mir her an der Rezeption vorbei. Sie wollte ihn natürlich krankschreibe. Aber des könnt er sich momentan im G'schäft net erlaube. Außerdem bräucht er zum Schaffe de Kopf, net d'Füß. „Wie komm'sch denn ins Büro?“, wollt ich wisse. Die Chrischtl könnt ihn fahre. Seine Firma läg doch im Gewerbegebiet direkt beim Minimal-Markt. „Den Weg kennt die auswendig.“

Es isch beinah dunkel inzwische. Von wege frische Luft! Bleierne Schwüle. Die Luft steht. Es isch wärmer un stickiger als drin. Ein Mond wie über Afrika. Die Taxifahrer vor'm Krankehaus hänge schräg in ihre Autos. Sie strecke d'Füß durch die weit offene Türe, fächle sich Luft zu mit ihre Zeitunge. Hochsommer in der Rheinebene. Seit Wochen gleich.

Mir sitze uff'me Betonmäuerle. De Wilfried telefoniert. Ich rauch e Zigarett, endlich, un spiel mit seine Krücke. Schöne Gehhilfe. Modernes, funktionales Design. Liege gut in de Hand. Verstellbares Stahlrohr unne. Rote Rückstrahler, Katzeauge. Sie falle mir dauernd um. „Herrgottnochemol!", schimpft de Wilfried. „Hör uff mit dem Geklepper! Leg die Dinger weg!"

Ich hör, wie er zum Schluss kommt. „Horch, Chrischtl, ich will de Gerd noch g'schwind zu'me Gläsle Wein ei'lade ... Du, er hat mich immerhin g'fahre. Dann die Warterei ... Ja, mir könne ihn doch trotzdem zum Esse ei'lade ... Die Schmerze sin komischerweis besser ... Ach was! Net lang. E Stündle oder so. Mir versumpfe net ... Versproche! ... Alles klar. Also, bis später, Schätzle!" Er schmatzt e Küssle ins Handy.

„Hopp auf, geh'n mer was trinke! Ich lad dich ei!" Er greift zu seine Krücke. Ich steh schon. „In de Hefezopf?" Er hätt e bessere Idee, sagt er. „Wieviel Uhr isch'n?" – „Fünf vor dreiviertel zehn." – „Des könnt grad noch lange!"

Er schmeißt seine Krückstöck vor, springt dezwische, schwingt sich weit durch. Ich kann kaum Schritt halte.

„Mensch, mach doch langsam! Will'sch widder ins Krankehaus? Was ha'sch überhaupt vor, wenn mer froge derf?"

„Mir fahre ins Soundcheck!"

„Was? Dort hockt doch nur Jungvolk drin! Die laute Musik, der Krach! Du kann'sch dich nur schreiend unnerhalte. Des kann ich net leide."

„Wenn'd jetzt noch ‚Negermusik' sag'sch, dann schwätz'sch wie dein eigener Vadder."

„Gut, von mir aus. Ins Soundcheck. Wer zahlt, bestimmt! Aber pressiere brauche mer net. Die habe lang offe."

„Aber die Happy Hour geht von neun bis zehn!"

„Die Happywas?“

„Happy Hour! Alle Getränke zum halbe Preis. Deshalb haißt die Stunde so. Zum Beispiel Caipirinha. Normal sechs Euro. In der Happy Hour drei. Oder Chardonnay. Statt vier, nur zwai. – Fahr los!“

Mir habe die Happy Hour um genau zwai Minute verpasst. Der Wilfried hat zäh mit der Bedienung verhandelt. Aber die Schülerin, zwölfte Klass im Gymnasium, war unerbittlich. Mit Blick uff d'Uhr hat se g'sagt: „Happy Hour isch vorbei! Normalpreis!“ Der Wilfried hebt d'Ärm: „Jesses, wege dene zwai Minute!“ Ich muss sage, des Mädle war geduldig. Sie hat sich wege der Lautstärke zu uns runnergebeugt. „Sie müsse doch versteh, jede Stund hat sechzig Minute, keine einzige mehr. Auch eine Happy Hour. Ich bring ihne gern ihren Caipirinha. Aber zu sechs Euro, bitte! Also überlege se sich's!“, hat se höflich, aber bestimmt g'schrie. Sie müsst weiterbediene. Es war mir peinlich.

Dann kommt se von der Thek zurück. Stellt ihr Tablett mit sechs Caipirinha uff den Nebetisch mit junge Leut. „Un was isch des?“, hat de Wilfried sofort reagiert. „Sie wolle mir doch net verzähle, dass die zum reguläre Preis sin!“ Die Bedienung dreht sich um. „Nein, sin se net! Aber die sin rechtzeitig bestellt wore. Zwei Sekunde vor Ablauf der Happy Hour. Alles klar?“

Der Wilfried hätt Schluckbeschwerde, wenn er was trinke müsst, was vor drei Minute nur die Hälfte gekoschtet hat.

Er drängt sich vor mir durch des Kneipegewühl. Mit de Gummistopper von seine Krücke schlagt er an Wade un Knie. Er trennt mit'm Krückeschaft ganze Gesprächsgrüppple. „Augeblick! Lasse se mich bitte durch. Ich will raus!“

An de Tür dreht er sich um. Er zielt mit'm rechte Krückstock aus der Hüfte uff des Thekepersonal samt G'schäftsführer. Es sieht aus wie bewaffneter Raubüberfall mit

Maschinepischtol, Abzug ganzhändig obe. Er ruft: „In des Lokal setz ich keinen Fuß mehr!" Beim Umschwenke knickt er weg. Ich kann ihn grad noch unner de Arm abfange. An der Schusslinie entlang wird g'lacht.

Längere Beratung an de Eck. Doch in de Hefezopf? Des wär net weit. Nur e paar Schritt durch de Torboge über d'Nepomukbrück. Also gut. Er hätt widder stärkere Schmerze, klagt de Wilfried. Die Wirkung von der Tablett sei verfloge.

Er hängt schwer in de Krücke, ächzt und stöhnt bei jedem kurze Schwung. Er schafft sich mühsam nebe mir her. Alle paar Meter muss ich uff ihn warte. In de Brückemitte beim Nepomuk lasst er sich erschöpft ans eiserne G'länder kippe.

„Sei mir net bös, Gerd. Ich glaub, mir verschiebe die Sach. S'nächscht Mol geht's mir besser."

Der böhmische Hailige zwinkert mir über sei Kruzifix im Arm zu. Mit'm rechte Aug. Ich mach, als hätt ich's net g'seh.

Hinnerfür-Blues (für Gunzi)

Goin' down to the railroad
lay my head on the track

yeah

I'm goin' down to the railroad
lay my head on the track

when I hear the train comin'
gonna pull it right back

Ich trink aus
un geh zum Bahndamm
leg de Kopf uff d'Schiene
von de Karlsruh-Basel-Streck

ja, ich mach des
ich bin ganz hinnerfür
wege dir

ich trink jetzt aus
un geh zum Bahndamm
leg mein Kopf uff d'Schiene
von de Karlsruh-Basel-Streck

wenn ich's Zügle komme hör
– Jesses, ich wer's doch höre –
zieh ich de Kopf g'schwind weg.

Zwischedrin

Komm, geh fort
geh, bleib do

du fehl'sch mir
du ha'sch mir
grad noch g'fehlt

komm, geh fort
aber net zu weit
geh, bleib do
aber net zu nah

was habe mir uns
schon rumgequält

ach komm, geh halt fort
jetzt geh, bleib doch do

mach's dir bequem
zwischedrin
irgendwo.

Großraumwage

Ach Gott
wer isch denn g'storbe?
möcht mer sage
bei dene Montagsg'sichter
im 7 Uhr 15 Großraumwage

die hocke drin wie e Sträflingskolonn
unnerwegs zum Felsbrocketrage
jeder guckt müd an jedem vorbei
als sei er zur Höchststraf verurteilt
lebenslänglich uff de Welt zu sei
z'ammegepfercht in dem gelbe Zug
mit Leut, die er nur vom Weggucke kennt
montagmorgens wär der Großraumwage
für eine Person grad groß genug

sie hocke sich paarweis eng vis-à-vis
Schenkel an Schenkel, Knie gege Knie
käsig verknittert im graue Morgelicht
die Gegend um de Hauptbahnhof
sieht net besonders aus
aber die schrecklichschte Landschaft
isch halt doch e leeres G'sicht
dann guckt mer lieber raus

wenn sich Knie oder Füß berühre
zuckt mer wortlos z'rück
starrt verlege an d'Wänd
weggucke kann mer zum Glück immer
wenn mer nur wegrieche könnt!
nach jeder Haltestell
wird des Luftgebräu schlimmer
jeder bringt sei G'schmäckle mit

nach zu kurz geduscht
manche Stelle vergesse
Freizeitschwaiß vom Wocheend
balkongelüftete Wirtshauskittel
Zigaretterauch un Frittösefett
arg bürgerlichem Esse
es riecht noch warm nach Doppelbett
stinkt ledrig durch Schuh nach Perlonsocke
die mer besser g'wechselt hätt
nach Bier vom Sonntag
Käsbrot zum Frühstück, schnell geputzte Zähn
nach schnupperkontrollierte Hemde
mit verknautschte Krageecke
die montags zum Schaffe
grad nochmol geh'n
nach Parfüm vom Schlecker
Achselspray un Deoroller
die des Ganze überdecke

es nützt net immer was
der Dicke gegenüber
schlotzt Pfefferminzgutsel
schnauft über d'Bildzeitung
wie aus'me Rotweinfass

vierzehn Statione Nasequal
und jeder glaubt
er sei als ainziger geruchsneutral

ich spring mit'me Befreiungssatz
an die frische Luft
am Europaplatz

die ältere Dame vom Nebesitz
verzieht s'Gsicht
guckt vorwurfsvoll zu mir raus
sie wedelt vor ihrer Nasespitz
mit'me weiße Taschetüchle

ich hauch mir in die hohle Hand
e bissl riecht mer's noch, na ja
aber überwiegend Zahnpaschta
Jesses, macht die Frau e G'schiss
wege so'me Knoblauch-Flammeküchle!

De Heckewanderer

manchmol sonntags
in der schöne Sommerzeit
wenn's alle Leut
in die Natur rauszieht
auf Rollschuh über Betonstrecke
mit de Räder rudelweis in d'Pfalz
mit Badezeug zum Baggersee
oder in erhoffte Waldeinsamkeit
mit Rucksäckle un Wanderstecke
dann isch mir d'Natur
zu überlaufe
ich will ganz sicher geh
dass ich niemand seh
und mich niemand sieht

deshalb wander ich gern
im Neubaugebiet
zwische de blickdichte Hecke
dort bin ich für mich
un doch unner de Leut

hinner jeder Heck
e g'mütliche Welt
z'ammehocke an Biergarniture
unnerm Wertkauf-Baldachinzelt
ich hör schwätze un lache

Fraue schimpfe
wenn Kinner net spure
ich hör Zapfhähn schnorchle
beim Bierkrug fülle
Männer rufe
Steaks seie durch
die Würscht müsste weg

es klappere Schüssle un Teller
es kleppert Besteck
ich riech so genau was die grille
dass ich's bei zu'ene Auge
beinah nahrhaft schmeck

verzählt jemand en Witz
verlangsam ich de Schritt
wenn's länger dauert
bleib ich halt steh
mit'm Ohr an de Blätter
und lach im Weitergeh

Hunde rieche mich
durch die blickdichte Hecke
die klainere kläffe
die größere belle
sie renne zum Glück
uff de anner Seit mit

es gibt nirgends mehr Leut
die mer hört und net sieht
als zur Barbecue-Zeit
im Neubaugebiet ‚Oberes Gewann'
un alle hätte gern
so blickdichte Hecke

wo mer net g'seh wird
aber rausgucke kann

wenn ich dann müd bin
mach ich e längere Paus
stütz de Ellboge ins Gras
hol Rotwein und Olivebrot raus
harte Salami, Tomate, Ziegekäs
noch e hochint'ressantes Buch
an dem ich schon ewig les

ich waiß dort
e schönes Plätzle
en lauschige Ort

Ende Nachtigallweg
im Wendehammer
im absolute Parkverbot
bei de Altglas-Container
steht ein Lindenbaum
ich träumt' in seinem Schatten
so manchen schönen – ja ja
und so weiter

bevor ich geh
schieb ich mei Flasch
durch die Gummilasch
im Grünglas-Behälter.

Essegeh oder Bis mir sitze

Ha'sch du a schon Hunger?

Ich weiß net. Es isch noch e bissl früh, oder?

Stell dir vor: Jetzt sauere Nierle mit goldbraune Bratkartöffele. Oder abg'schmelzte Maultasche. Die müsse so richtig in Butter glänze un im Teller rumrutsche. Versteh'sch? Wenn die Bedienung plötzlich abbremst un sich rumdreht, weil se von hinne g'rufe wird, dann müsse die gradaus vom Teller flutsche. Wie in Knittlinge in de ...

Also du ha'sch eine Phantasie, wenn's ums Esse geht.

Oder du: So'n knuschprige Schweinebrate, schön durchwachse.

Hör uff!

Mit Weckknödel. Die kann mer so durch d'Gabelzinke quetsche, im Teller rumschmiere un mit de Soß vermatsche. Des schmeckt! Denkt dir noch des Wirtschäftle im Bayerische Wald, wo mer im Urlaub ...?

Sei doch still!

Rehrücke ha'sch du g'habt. Mit Pfifferling. Ein Gedicht!

Herrgott, jetzt krieg ich Hunger von dei'm G'schwätz!

Also auf, mir kehre irgendwo ei! Mir sin immerhin e gute Stund stramm g'wandert. Un du sag'sch doch immer, du will'sch nimme so spät esse.

Ja. Aber net schon um fünfe.

Du, bis mir sitze, wird's grad recht.

Wieso? Wie lang will'sch dich denn setze? Bis um halb siebe?

Was? – Du wai'sch genau, wie ich des main. Bis mir dort sin un en Platz habe …

Dann sitze mer. Aber s'isch immer noch viel zu früh. Du ha'sch g'sagt, bis mer sitze wird's grad recht.

Herrgott, sei net so spitzfindig, direkt händelsüchtig! Aber des isch bei dir immer so, wenn du Hunger ha'sch.

Ja, ich waiß. Ich bin halt ein einfach gestrickter Mensch. Ich reagier berechenbar wie e Hauskatz.

Des hab ich damit net sage wolle!

Was denn dann?

Dass mer beim Essegeh immer länger sitzt, als mer esst. Die Speisekart durchgucke, was raussuche, Weinle vorher trinke, Zigarettle rauche und schwätze. Halt uff's Esse warte.

Un des kommt net.

Warum? Wieso soll des net komme?

Des Bestelle ha'sch ebe vergesse.

Du will'sch mich ärgere, gell? Du, mir könne auch zum McDonald gehe. Dort holt mer sei Zeug selber in de Pappedecklschachtel. Dort esst mer länger, als mer sitzt. Beim Rausgeh kaut mer noch. – Egal, was mache mer jetzt? Geh'n mer esse oder net?

Ja. Von mir aus.

Was jetzt? Des war eine Alternativfrage. Die lasst sich doch net mit Ja oder Nein beantworte. Also, annerscht g'frogt: Gehe mer esse?

Ja.

Gut. – Wohin?

Aber was mach ich dann mit dem Spargel im Kühlschrank? Drei Pfund. Klasse eins. Noch e bissl teuer, aber …

Nach Spargel wär's mir heut net. Spargel isch kai Hungeresse. Wenn jemand hungrig Spargel esst, schmeckt er nur, dass er net satt wird. Ich brauch heut was Deftiges. Den Spargel könne mer morge esse. Der hebt – der hält so lang. Hasch'n feucht ei'gwickelt?

Ja klar. In d'Samstagszeitung. In die BNN.

Was? Die hab ich noch net g'lese! Warum nemm'sch denn kain G'schirrlappe?

Weil des BNN-Papier besser isch, um Spargel frisch zu halte. Jetzt reg dich ab. Ich hab nur die Seite mit de Todesanzaige g'nomme.

Prima! Die les ich immer zuerscht. – Na ja, egal. Es wird net grad des Wocheend jemand g'storbe sei, den mer kennt. Wo mer zur Beerdigung geh sollt.

Du steh'sch jedenfalls noch net drin! – Solle mer zum Italiener gehe? Beim Da Bruno könnt mer vielleicht noch drauße sitze.

Hör zu, wenn du Da Bruno sag'sch, brauch'sch nimme ‚beim' sage. Weil ‚da' italienisch schon ‚beim' haißt. Des isch zuviel. ‚Beim Da Bruno' wär ‚beim beim Bruno'. Versteh'sch? Des hat mir der Bruno neulich im Da Bruno selber erklärt.

So? Aha. ‚Im Da Bruno'. Des geht? Klingt a e bissl komisch, oder? ‚Im beim Bruno'!

Du, mir mache jetzt kain Italienischkurs. Ich muss heut jedenfalls nimme drauße sitze beim Bruno. Ich war im Freie g'nug. Mir sin beinah e volle Stund lang stramm g'wandert. Mir langt's.

Wie wär's mit griechisch esse? Im Mykonos ware mer schon lang nimme.

Und warum net? Weil die uns beim letschte Mol keinen Ouzo spendiert habe. Den krieg'sch normal immer. Zur Begrüßung. Des g'hört doch zur griechische Gastfreundschaft.

Gott, die habe des halt mol vergesse. Des Lokal war voll. Später hat der Christos doch e Tablett mit Ouzo für alle uff de Tisch g'stellt.

Ja. Nachdem ich was g'sagt hab. Die habe des net vergesse. Die habe's nimme nötig. So isch des!

Wenn mer zum Chines ginge, könnte mer widder 97 und 114 bestelle. Also des hat uns damals so gut g'schmeckt. Ich hab mir die Nummere in de Speisekart notiert. Den Zettel hab ich im Geldbeutel.

Was war denn des? Huhn, Fisch, Schweineflaisch oder was?

Ich waiß es nimme. Aber es hat hervorragend g'schmeckt. Besonders dein 114. Ab de Hälfte habe mer getauscht. 97

war e bissl scharf. Aber bei 114 lauft mir immer noch s'Wasser im Mund z'amme. Auf, des mache mer! Mir gehe ins – zum Chines!

Ach, ich waiß net. Des Dauergelächel, die Rumschleicherei, des asiatische Katzbuckle. Diese undurchsichtige Freundlichkait, ohne jedes Mienenspiel. Do wai'sch nie, wo'd dra bisch.

Sag mol, will'sch du dort Geschäfte mache oder was esse?

Die gedämpfte Atmosphäre. Roter Plüsch, Lampions wie in're Opiumhöhle.

Springbrunnegeplätscher. So fettleibige Männerfigure, die sich mit ihre geblähte Kugelbäuch a noch wohlfühle, d'Ärm hochstrecke un blödsinnig lache. Als wäre se stolz uff ihr Überg'wicht. Un dass se nix schaffe. So nach dem Motto: Der Leib liegt auf dem Kanapee, die Seele schwingt sich in die Höh. – Des isch net mei Kultur!

Also bei uns gibt's a genug dicke Leut, die nix schaffe.

Aber die hänge's net raus. Dene isch's peinlich. Die wolle abnemme un däde gern schaffe. Egal. Jedenfalls g'hört fett und faul in unserer G'sellschaft net zum ideale Menschebild.

Du, Restaurants sind Orte des Genießens. Solle die dort vielleicht Figure von ausg'mergelte Reisbauere uffstelle?

Die Dekoration isch a so e Sach. Die Landschafte aus goldfarbigem, ausg'stanztem Plaschtikzeug an de Wänd. Wo mer dra'klopft, klingt's hohl.

Du brauch'sch doch nirgends dra'klopfe. Aber des isch typisch deutsch. Im Museum, bei Schlossbesichtigunge –

überall wird dra'geklopft. Die Deutsche müsse immer de Materialprüfer spiele.

Ich will heut jedenfalls net zwische so chinesische Staubfänger hocke!

Also multikulturell klingt des net grad. Eher e bissl rassistisch.

Was? Nur weil ich heut keine Schlitzau… kaine Chinese um mich rum habe will? – Außerdem – bei de Chinese isch's net g'mütlich. Des geht mir alles zu schnell.

Was? Was geht zu schnell?

Kaum sitzt mer, schon stehe se do. Kaum hat mer de Mund zu vom Bestelle, komme se schon mit de Wärmplatt g'sprunge. Drei Züg an de Zigarett, zack, steht s'Esse uff'm Tisch.

Grad deshalb gehe viele Leut zum Chines. Weil's flott geht.

Ich net. Ich möcht uff mei Esse warte dürfe. Bis ich nimme warte will.

Komm, ich mach dehaim unsern Spargel. Dann kann'sch in Ruh warte. Bis ich den sauber g'schält hab …

Nix! Jetzt bin ich uff Essegeh ei'gstellt. Ich will mich heut mol bediene lasse. – Was guck'sch so komisch?

Wege dei'm Spruch grad. Du wollt'sch sage, du will'sch dich heut mol net dehaim, sondern im Lokal bediene lasse. Servicewechsel. Aber wo? Nach was isch's dir denn?

Nach gutbürgerlich. Ganz ai'fach. Nach kräftiger deutscher Hausmannskoscht. Wuchtig, kalorienreich, herzhaft, sättigend, schwer verdaulich von mir aus. Ich hab en stabile Mage. Ein Topi hinnerher. Oder zwai. Jawoll, des wär's!

Un dei Cholesterin-Tablettle.

Genau! Wozu hab ich die Dinger? – Dann will ich zu'me Preis esse wie vorm Euro. Ungefähr. Vor allem keine 0,2er Gläsle französischen Landwein zum Preis von'me Viertel Königschaffhausener Spätburgunder vorher.

Schwierig. Mir fallt spontan nur die Hohlweg-Klause ei. Ich war neulich mit de Volleyball-Fraue dort. Nur was trinke. Aber am Nebetisch habe Leut g'esse. Des hat net schlecht ausg'seh. Allerdings habe se ziemlich lang warte – dürfe.

Geh mir fort mit der Hohlweg-Klause! Vom Gucke sieht mer noch lang net wie's schmeckt. Die Gerlachs sin dort schwer nei'gfalle. Er hat sei Schnitzel net esse könne. Verbrennt un versalze, hat er g'sagt. Sie hat e langes schwarzes Haar von der vietnamesische Küchehilfe aus'm Wurschtsalat gezoge.

So? Eine Vietnamesin isch des? Ein bildhübsches Mädle!

Kann sei. Aber trotzdem habe ihr Haar im Wurschtsalat nix verlore.

Lieber Gott, die Gerlachs habe halt en schlechte Tag erwischt. Sowas passiert. Die Wirtsleut sin sehr nett. Ein junges Paar aus der ehemalige DDR. Die bemühe sich. Die habe des Lokal noch net lang.

Wahrscheinlich habe se's die längschte Zeit g'habt. Wenn se Wurschtsalat mit Haargarnitur serviere. – Was lach'sch so in dich nei?

Irgendwie gönn ich des dene Gerlachs. Der Günther, dieser Erbsezähler. Dieser Furzklemmer. Typisch Lehrer. ‚Gut leben und sparen' haißt so'n Supermarkt-Werbespruch. Des passt genau uff den. Un die Isolde isch noch schlimmer. Des dauernde Gejammer auf hohem Niveau. ‚Geiz ist geil' hab ich kürzlich in're Fernsehwerbung g'hört. Mir isch sofort die Isolde ei'gfalle. Haha, wenn ich mir vorstell, wie die zwai in der …

Vergess die Hohlweg-Klause!

Aber die Wirtsleut sin freundlich. Dene muss mer doch e Chance gebe.

Bei dem Esse müsse die schon arg freundlich sei. Hör zu, mir könne mol dort ei'kehre. Warum net? Dann esse mer halt vorher. Aber heut möcht ich kain schlechte Tag erwische! – Also, was mache mer? Wohin? Bevor mer im Auto sitze, sollte mer's wisse.

Mensch, wie wär's denn mit der neue Sonne? Guck mol drübe. Zur Sonne. Wirklich, wunderschön renoviert. Die gelbgetönte Fassad mit dene grüne Fenschterläde. Rote Geranie. Des Haus kennt mer garnimme. Richtig vornehm sieht des aus. Der Eingangsbereich mit der Markise. Die gusseiserne Laterne un der Schaukaschte für d'Speisekarte. Direkt nobel.

Mir hat's früher besser g'falle. Mit'm abgeblätterte Grauputz. Ohne Geranie. Mit schiefe Fenschterläde un verhungerte Mucke im roschtige Speisezettelkaschte mit sechs Sorte Schnitzel un serbischer Bohnesupp aus de Büchs. Vielleicht noch Königin Paschtete für die alte Weiber nach Beerdigunge. Oder Russische Eier. Des war's. Aber in de Sonne hat mer sowieso nur im Notfall g'esse. Deshalb war mer net dort.

Weshalb dann?

Lieber Gott, zum trinke natürlich! Int'ressante Leut treffe!

Int'ressante Leut? In so're Dorfkneip? Wen denn?

De KSC-Jockl, de Schlappe, de Jetztkommschdu, de Horex – ich könnt so weiter mache. Die kenn'sch du nimme. Die gibt's a nimme. Ich red von ganz früher. Mensch, war in der Sonne was los! Als der Kurt noch druff war. Damals hat des Haus Charakter g'habt.

Die Annonce hab ich im Blättle g'lese. ‚Unter neuer Leitung … lassen Sie sich kulinarisch verwöhnen … exquisite Küche … gepflegte Weine … genießen Sie das stilvolle Ambiente in unseren liebevoll neugestalteten Räumen'. So ähnlich. ‚Es freuen sich auf Ihren Besuch, Lotte Kehrbeck und …' Herrgott, ganz komischer Name. Ich hab noch gedacht, wie kann mer als Mann so haiße?

Jean Marie Schneck! Ich hab's auch g'lese.

Ja, genau! Wie isch's denn zu der Neueröffnung komme?

Also. Die Lotte isch e Tochter vom Kurt. Die älteschte von dene drei Kehrbeck-Mädle. Hat schon als Kind beim Bediene g'holfe. Die hat später Hotelfachschul g'macht. War sogar in'me Hotel in de Schweiz. Die hat Pfeffer im Arsch.

Sie hat Temperament, wollt'sch sage.

Genau. Die annere zwai sin Tranfunzle. So e bissl lahmarschig. Sowas kann'sch in de Gaschtronomie net brauche.

Ohne Pfeffer im Arsch.

Wenn du's so ausdrücke will'sch, bitte! – Kurzum, dem Kurt sei Frau, die Lydia, hat vor zwai Jahr Tablette g'nomme. Sage d'Leut.

Lebt die Frau noch?

Wenn ich sag, sie hat Tablette g'nomme, lebt se nimme! Dann hat de Kurt des Schlägle kriegt. Halbseitig gelähmt. Un mit de annere Hälfte hat er bloß noch sei Schoppeglas rumgetrage. Seither lallt er nur noch. Mer versteht kein Wort. Es isch e Elend. Früher hat er s'Maul net uffkriegt. Un seit er nimme schwätze kann, will er dauernd was sage.

Es gibt schon Schicksale.

Schicksale? Ich weiß net. Des war alles vorhersehbar. Nur de Zeitpunkt net. Es isch relativ spät passiert. – Na ja, e Zeit lang war die Sonne zu. Ich glaub über e Jahr. Un jetzt hat die Lotte den Lade übernomme.

Un wer isch der – Herrgott, der ganze Name hat irgendwie was Schlüpfriges. Der Jean Marie Schneck?

En Wagges. Ein Koch aus Colmar. Scheint's ihr Stecher.

Ihr was? – Also bitte! So ein brutaler Ausdruck! So kann'sch von mir aus mit deine Kumpels rede, aber net wenn ich debei bin.

Mein Gott, so sagt mer halt in dem Fall. Verheiratet sin se net. Sie habe nur was z'amme. Des isch doch nix Schlimmes. Des kommt eher de Gäscht zugut: Er kocht besser, un sie bedient freundlicher. – Also, solang's funktioniert.

Lebensgefährte. So könnte man auch sage.

Wunderbar! Des klingt nach mühseliger Kocherei un obends z'amme Geldzähle.

Würd'sch du uns nicht als Lebensgefährten bezaichne?

Doch. Aber mir habe zum Glück kai Wirtschaft. Mir müsse net in jeder Situation für fuffzich Persone Esse rausbringe.

Du, hör zu! Heut gönne mir uns was. Mir probiere die neue Sonne mol aus! – Oder? Was main'sch? Lieber net? Es sieht halt schon e bissl großkopfet aus. Guck mol, der Parkplatz. Mercedes aus Böblinge.

Ja. Mit Anhängerkupplung. En Metzger mit Jahreswage.

Der Fuhrpark juckt mich net.

Also gut. Auf, dann gehe mer nei! – Aber mit unsere Wanderklamotte? Unsere dreckiche Schuh? Vielleicht doch e anner's Mol?

Ach was! Für Geld kann ich mir Staubzucker in de … krieg ich alles!

Will'sch jetzt doch nei?

Waiß net. Ai'fach mol gucke.

Wie sieht's denn drin jetzt aus? Was mach'sch denn? Pass uff, die Geranie!

Herrgott, ich seh nix! Es spiegelt. Wart, ich muss mit de Händ abschirme.

Um Gottes Wille, net so auffällig! Komm runner! Soll ich dir s'Vagabundelaiterle mache, oder was?

Jetzt! Viel sieht mer net. Ach Gott, Kerzelicht am helle Tag. D'Lotte im enge schwarze Koschtüm. Die hat aber ordentlich zug'nomme! Ein Weinregal. Dort war immer de Tischfußball. – „Ah, Tag, Herr Dr. Stol…"

Pass doch uff, Mensch! – Au, mei Füß! Herrgott, tut des weh!

Entschuldigung. Ich hab hinne kai Auge.

Sag mol, ha'sch du dort drin grad jemand gegrüßt?

Ja. Den Dr. Stolzinger mit Gattin. Hocke direkt am Fenschter. Früher war dort kain Tisch. Ich hab se erscht g'seh, als se mir zug'nickt habe. Bin richtig verschrocke. Uff so nah war ich net g'fasst.

Bi'sch sicher, dass se des ware?

Hunnertprozent. Er hat mir doch neulich erscht die Spritze gege mein Hexeschuss g'ebe. Am Mittwoch.

Jetzt hat er wenigschtens g'seh, dass die Spritze g'holfe habe. Wenn du widder an de Wirtshauswänd rumturne kann'sch. – Sowas Peinliches. Also jetzt müsse mer nei'geh.

Wieso? Wer sagt denn des?

Wie sieht denn des aus? Stell dir vor, du sitz'sch im Lokal un sieh'sch beim Rausgucke jemand nei'gucke. Zwische de Händ durch. Mit de plattgedrückte Nas an de Scheib.

Des wär mir egal. Wenn er nur ganz kurz guckt. Ich war doch sofort widder weg.

Des isch noch schlimmer. Des hat was Unheimliches. Mit sowas kann niemand was a'fange. Außerdem sieht des aus, als sei mer neidisch. Als ob mer gern ei'kehre wollt un könnt sich's finanziell net erlaube. Komm, mir gehe nei!

Halt! Net so schnell! Erscht gucke, was es gibt. Sei so gut un les mol vor. Ich hab mei Brill net debei. Deshalb hab ich vielleicht die Stolzingers net g'seh.

Also. ‚Gruß aus der Küche: Mousse von Räucherfischen'.

Gruß aus der Küche. De Kurt hat als a aus de Küch raus gegrüßt. Manchmol hat er sich am Türpfoschte hebe müsse. Les weiter.

‚Basilikumschaumsüppchen mit Zandernocken'. ‚Zart gebratenes Kaninchenrückenfilet mit Spitzkohlravioli'. ‚Consommé von Steinpilzen'. ‚Filet vom Charollaisrind im Wirsingmantel pochiert' …

Hör uff! Hör uff! Es langt!

Wart, des isch noch net fertig. ‚Mit frischen Egerlingen, Burgunderglace und Selleriekrapfen'.

Sowas Überzwerches! Was habe die aus der Sonne g'macht? Kai Wunder, dass der Kurt dauernd mit seiner g'sunde Seit rumfuchtelt un was sage will.

Komisch, de Preis steht nirgends debei.

Doch. Obedrüber! Des g'hört zur Menükart. Zum Beispiel Menü drei. Hier. 52 Euro. Des seh ich ohne Brill. – Do ha'sch noch nix getrunke.

Menü eins. 30 Euro. Des isch doch im Rahme. Zu'me besondere Anlass kann mer sich des doch gönne. Wenn's gut isch.

Aber heut habe mer normal Hunger. Des isch kein besonderer Anlass. Übrigens, mir sin zu zwait. 60 Euro. 120 Mark. Ohne de Wein. Des haut schon nei. – Les mol int'ressehalber rechts vor. Des isch à la Karte.

‚Terrine à la Maison'. 9 Euro 50.

Mein lieber Schwan! Des isch en Haufe Geld für e Schüssel Supp. Was isch des? Kann'sch du des lese?

‚Suprême von Fasanenbrüstchen an Schalottenconfit mit Butternüdelchen'.

Brüst-chen. Nüdel-chen. An irgendwas. Die Portiön-chen seh ich vor mir.

‚Dialog von Lachs und Zander an Riesling-Sauerampferrahm'.

Des war beim Kurt Dialog von Schnitzel und Pommes an Soß Maggière. Bei dem hat's sogar Monolog von Wurschtsalat g'ebe.

Was isch'n des? Guck mol.

Ich seh's doch net recht ohne Brill. Les vor.

Jesses. – ‚Feuil-le-tage von Lotte mit Basmatireis und Broccoli'.

Feuil-letage? Nie g'hört. Aber d'Lotte sollt d'Finger vom Herd lasse. Die isch e tüchtige Bedienung. Nur koche kann se net.

Wer steigt denn aus dem schwarze Benz dort? Isch des net ...?

De Landrat Bolzhauser. Un der Reichelt von Low Flex. Prominenz aus Politik und Wirtschaft. Mit ihren Damen. Von der Sort en Harem – ein Albtraum!

Guck mol. Isch des die Lotte?

Aha. Die Herrschaften werden persönlich begrüßt. Wie die Lotte um die rumscharwenzelt. Sogar der Monsieur Schneck kommt aus'm Häusle. Die Schnecke-Marie.

Net so laut!

Komm, mir geh'n! Des isch net mei Welt.

Was isch denn heut dei Welt? Solle mer uns in d'Bahnhofswirtschaft setze?

Warum net? Immer noch besser als dort nei.

Jetzt renn doch net so! Was schüttel'sch denn de Kopf?

Die Sonne war so eine gute deutsche Wirtschaft! Noch mit'me Stammtisch am Kachelofe. Des war wie e zwaites Wohnzimmer. Du ha'sch uff de Tisch geklopft un ...

Aber s'Esse war nix, ha'sch vorhin g'sagt.

So kann mer des net sage. Des war unnerschiedlich. Die Qualität hat geschwankt, je nach Stimmung von de Wirtsleut. Es war halt ein schwieriger Familienbetrieb.

Kann ich mir denke. Nach dem, was du verzählt ha'sch.

Manchmol hat's g'schmeckt. Sogar sehr gut. Dann hätt mer's grad widder in de Dreckaimer schmeiße könne. Un zwischedrin war's zeitweis ai'fach essbar.

Als zahlender Gascht will ich aber die jeweilige Verfassung vom Koch im Esse net schmecke.

Die Sonne war vor allem eine Trinkwirtschaft, kein Speiselokal. Un dafür war die Küch net so schlecht. Egal. Ich ess lieber e bissl schlechter un in guter G'sellschaft, als umgekehrt.

Wie main'sch des?

So eine Bagage wie die Reichelts wäre dort nie dring'hockt. Des sin solche Leut, die esse nur in Lokale, wo se d'Speisekart net lese könne.

Also gut, was mache mer? Dort steht s'Auto. Solle mer mol was Neues probiere?

Von mir aus. Aber wo?

Herrgott, mer waiß soviele Lokale. Aber wenn's soweit isch, fallt ai'm kain's ei!

Hopp, steig ei! Ich hab e Idee!

Jetzt bin ich aber g'spannt. Was ha'sch dir überlegt?

Lass dich überrasche!

Also weit fahre möcht ich nimme! Kurz vor sechs. Bis mir irgendwo sitze, wird's grad recht. – Hätt mer dort net reserviere müsse?

Des mache die net. Aber für zwai Persone krieg'sch immer noch Platz.

Wo isch des? Sag doch!

Net weit. Dort sitzt mer g'mütlich, esst sehr gut und preiswert. Des Viertel Gutedel schenke die für einen Euro aus.

Was? Des gibt's doch net!

Doch! Und es geht ganz zwanglos zu. Mer kann sogar d'Hos uffmache, d'Schuh ausziehe un Sportschau gucke.

Ach Mensch, Ewald! Jetzt hab ich mich endlich uff's Essegeh g'freut. Jetzt komm'sch du so! – Du wollt'sch doch heut kain Spargel!

Als Beilag zu Pfannkuche, Schinke un Schnitzel – warum net? – Eventuell noch e grünes Salätle dezu. – Schwätz doch was! Warum sag'sch nix?

Weil ich sauer bin!

Typisch! Immer wenn du Hunger ha'sch, kriege mer Krach!

Nachruf für'n Komödiant

Beerdigung
Mittwoch halb drei
blöde Zeit für Leut
die noch lebe un schaffe müsse
sowas kann mer halt net plane
mer müsst's früher wisse

wie ich ihn kenn
könnt des länger geh
ich hab de Nachmittag freig'nomme
wenn du soweit bi'sch
freut's dich doch a
wenn viele Leut komme
hab ich mir g'sagt

es war e große Leich
der Gottesacker voll Publikum
bis zum Parkplatz raus
endgültig letschte Vorstellung
nochmol volles Haus
Beleuchtung stimmt
kain Text vergesse
alles perfekt

New Orleans-Jazz
Trägerschritt im Kies
zu der Grub im Grünwinkler Sand
des Publikum am hinnere Rand
wippt im Takt mit de Füß
sie sin so oft komme
um gege Eintritt zu lache

warum sollte se heut gratis
Leichebittermiene mache?
es wär net in sei'm Sinn
des Tragische war net sei Fach

so, jetzt isch er unne
in sei'm Wurzelhaus
Erdbrocke falle uff's Dach

la farce est jouée
de Schwank isch aus

d'Platt geputzt
nix zu vererbe
drei Fraue am Grab
g'lebt bis zum Schluss
alles verlebt
so lasst sich's sterbe

adieu – adscheh
Komödiant

Kompliment

sie rennt über d'Straß
leb'sch du a noch?
lang net g'seh

sie schüttelt mir d'Hand

du sieh'sch gut aus
ich hätt dich beinah
net erkannt.

Es geht naus zu's

Gott sei Dank
s'geht naus zu's!

es grünt un blüht un blaut
zwitschert, tschilpt un tiriliert
aus jedem Stückle Holz drückt Saft
alles drängt un treibt un sprießt
schafft sich an d'Sonn
protzt un strotzt vor zuviel Kraft
Zecke saufe sich de Buckel rund
an Hundehäls un Wandererfüß
de Kuckuck ruft rotzfrech im Wald
es klopft de Specht beim Lärmschutzwall
am Autobahnzubringer
Obstbäum platze aus de Gänseblumewies
wie Hochzeitssträuß aus Zaubererfinger
bald sprengt sich Spargel durch de Sand
zwische schwarzbestrumpfte Bauersfrauewade
der Pan scharrt mit sei'm Bocksfuß
spielt sei Flöt aus volle Backe
de Frühling tingelt übers Land
s'geht naus zu's!

Gott sei Dank
jetzt komme d'Fraue widder raus
in ihrer Mittagspaus – Mahlzeit!
die Sekretärinne un Verkäuferinne
die Schalterdame von de Beamtebank

– endlich sieht mer ihr unnere Hälft
Sprechstundehilfe vom Ärztehaus
die Frisöse vom Salon vis-à-vis

die Püpple aus de Parfümerie
vom Drogeriemarkt Müller
sogar die Politesse
sehe jetzt wie Fraue aus
d'Straß wird zum Cat Walk
mit'me Samba-Triller
die ganze Fußgängerzone
hat sich weiblich verschönt

sie lasse Pumps un Birkestock
an de Fußzehspitze schaukle
telefoniere fröhlich laut
sie zupfe ihre Röckle hoch
Jesses – viel zu weit übers Knie
strecke die weiße Schenkel in d'Sonn
uff dem Platz vor'm Bistro La Vie
halb so wild – des bissl Haut
des wirkt jetzt nur so nackt
es war halt alles lang verpackt
mer isch nix mehr g'wöhnt

es geht naus zu's, Alter!
schwer zu sage
wie's dir geht
du fühl'sch dich jung
nur jedes Jahr
e bissl mehr zu spät
guck, an dei'm Weinglasrand
sitzt en Zitronefalter.

Unsere Schwaben hinten

Mein badischer Landsmann oberrheinischer Prägung versteht sich zuerst und vor allem als unschwäbischer Mensch, als markanter Nicht-Schwabe. Er definiert sich geradezu durch ein sorgsam kultiviertes Anderssein-Wollen.

Die „Ostbadener"

Der Badener braucht seinen Modellschwaben, um ex negativo Auskunft zu geben, wer er sei. Durch eine Art erfahrungsgestütztes Vorurteil ist er überzeugt, sich vom fusionierten Nachbarstamm, den er bisweilen in schlitzohriger Brüderlichkeit als „Ostbadener" zwangsintegriert und gegen den Strich adelt, äußerst vorteilhaft zu unterscheiden. Im Kontrast zur erdfarbenen, bieder schaffigen, von Erwerbstrieb und Ökonomiesinn durchsäuerten Mentalität, die er den Württembergischen unterstellt, kreiert er seine Identität als der „sym-badische" Bruder Leichtfuß, als Lebenskünstler und Beinah-Franzose, mit einem schier undeutschen Savoir-vivre gesegnet. Was dem Schwaben in glücklichen Einzelfällen und ansatzweise erst ab dem vierzigsten Lebensjahr dämmert, wie nämlich gescheit zu leben sei, leuchtet ihm kräftig von Geburt an. Der Wunschkatalog badischer Stammestugenden besteht im Wesentlichen aus der radikalen Umwertung schwäbisch vermuteter Defizite. Liberal, tolerant, freiheitlich gesinnt, weltoffen großzügig und leichtlebig, so porträtiert er sich mit schnellem Strich. Wie kein anderer deutscher Stamm wähnt er sich mit dem Geiste der Unbotmäßigkeit ausgestattet.

Revolutionäre Unverfrorenheit

Als Beweis dient ihm das nie verjährende Delikt seiner Volkserhebung von 1848, deren Jubiläum vor einigen Jahren mit nahezu rauschhaften Feierlichkeiten begangen wurde. Pensionierte Bildungsbeamte haben feurige Revolutionsdramen verfasst. Die Winzergenossenschaften haben eigens Revolutionswein auf rote Flaschen gezogen, deren ordnungsgemäße Entsorgung mangels Rotglas-Containern zum müllmoralischen Dilemma wurde. Ich habe das postrevolutionäre Leergut mit einem leicht illegalen Kitzel durch die Gummiklappe in den Braunglasbehälter gleiten lassen.

Heckerhut auf Schwabenkopf

Anlässlich eines Festaktes hat selbst der von beiden Stämmen sehr ungleich verehrte Landesvater aus Stuttgart vor dem Karlsruher Schloss für die Presse posiert. Mit dem Heckerhut auf dem schwäbischen Charakterkopf, was meine Residenzbadener als Verunglimpfung eines politischen Symbols und Entweihung der Kopfbedeckung empfunden haben. Offen gesagt, der Revoluzzerhut mit der Rabenfeder steht dem Manne nicht. Über dem pflichtstarren wortkonservativen Strengblick dieses Württembergers, der so schwer lacht, wirkt er vorübergehend übergestülpt. Wie ein missglückter Mummenschanz. Zwischen Feder und Augenpartie vexiert der Bindestrich zwischen den Landesteilen zum mentalen Trennungsstrich. Deutsche Tüchtigkeit, DaimlerChrysler und Bosch den Schwaben. Uns das Ideale, die verwegenen Quergedanken, Utopien, Landfriedensbruch und Leichtigkeit des Seins. Unsere Hüte sind nicht übertragbar.

Geistig-kulturelle Hausmannskost

Im Sprachgebrauch der Hiesigen liegt das Land der Schwaben „hinten". Das klingt nach räumlicher Entlegenheit, beengten Verhältnissen und, im Nebensinn, nach geistig-kultureller Selbstversorgung auf Hausmannskost-Niveau. Ein prominenter badischer Fettnäpfchentreter hat einmal den rückwärtigen Stamm presseöffentlich grob beleidigt, indem er den geographischen Trichterhorizont um Stuttgart mit dem geistigen der Schwaben verglichen hat.

Denken so eng wie die Täler

„Ihr Denken ist so eng wie ihre Täler", mit diesem Analogie-Anwurf habe er seinem Zorn über den Stuttgarter Zentralismus Luft gemacht, einem Reizthema, bei dem meinen Landsleuten der patriotische Kamm schwillt und die stammestypischen Wesenszüge der Bescheidenheit und Zurückhaltung ins Gegenteil umschlagen können. Dagegen war die schwäbische Reaktion enttäuschend gelassen. Das Stuttgarter Ross hat nur ein wenig durch die ohnehin geblähten Nüstern geschnaubt und sich mit dem Schweif die badischen Wortmücken vom württembergischen Hintern geschlagen.

Schwäbisches Lob

Eine meiner Lesungen im ländlichen Stuttgarter Großraum fällt mir ein. Der Veranstalter hatte mich bezüglich des Publikums mit den Worten vorgewarnt: „Net g'schimpft ischt bei ons g'lobt g'nueg!"

Von einem anerkennenden Applaus ermutigt, las ich eine Satire auf das Schwabentum vor, die bei den Zuhörern ein kollektives Schlucken ohne Beifall auslöste. Während der Pause kam ein gepflegter Herr auf mich zu. Er hatte etwas Melancholisches im Ausdruck, was beim Schwaben darauf schließen lässt, dass er die Erleuchtung um die Vierzig hinter sich hat und sich nach den Jahren umtriebiger Vermögensbildung die Sinnfrage stellt, gewissermaßen feinstofflicher wird. „I woiß net", sagte er nachdenklich betrübt, „was ihr Badener emmer gege ons Schwobe hent. Mir wellet doch garnix von eich." Er hatte einen Nagel in unserer Beziehung auf den Kopf getroffen. „Ha des isch's doch grad!", gab ich viel zu laut zurück.

Dann schon lieber Franzose

Noch etwas wurmt den Badener. Sobald er sein Stammesgebiet in nördlicher Richtung verlässt, gibt es ihn als solchen nicht mehr. Schlimmer noch, er wird pauschal zum Schwaben. Selbst die westlichen Nachbarn über dem Rhein, seine geliebten Elsässer, die er in etwas einseitig empfundener Seelenverwandtschaft ans alemannische Bruderherz drückt, empfangen ihn mit einem: „Hoppla, d' Schwobe kumme!" und bestehen darauf, erstmal Franzosen zu sein. Dabei wäre er notfalls lieber Franzose als Schwabe, am liebsten aber ein badischer Elsässer mit deutschem Pass. Gegen die Exportdominanz der Schwabenart ist kein badisches Kräutlein gewachsen. Vielleicht ist auch der Unterschied zwischen den beiden Stämmen – welch schrecklicher Verdacht – nicht groß genug, um sich nicht schon aus geringer Entfernung zu verwischen. Besonders bei denen, die über Vierzig sind.

Meine Badener und die Württemberger. Ein Kapitel für sich, aber zum Glück keine Hassliebe. Zu einer solch unseligen Mariage fehlt es an Leidenschaft.

Bei de Affe (für Rudolf Stähle)

Unner de Woch isch nix los
bei de Affe im Karlsruher Zoo
es gibt wenig zu lache

sie hänge rum, gähne un stinke
knacke ab un zu en Floh
sie hocke an de Betonwänd im Affehaus
wickle sich in ihre Ärm
friere so von inne raus
sie kaue uff de Schwänz mit gelbe Zähn
un gucke schwarz wie Afrika
was soll mer als internierter Aff
in Karlsruh de ganze Tag mache?

aus schierer Langweil
were sackweis Erdnüss g'fresse
d'Schale uff de Bode g'spuckt
wenn mer mol a'gfange hat mit dem Zeug
kann mer nimme uffhöre
sagt en älterer Herr nebe mir
wenn se wenigschtens en Fernseher hätte
aber nix!

sie rotze sich in d'Händ
verschmiere's uff de Bäuch
sie kratze sich
weil's saumäßig juckt
weil außer e paar Rentner
mit ermäßigte Jahreskarte
sowieso niemand guckt
völlig ungeniert im Intimbereich

sie spiele unne an sich rum
zwirble an ihrer Lieblingsstell
ganz in Affegedanke verlore
urwaldmäßig konzentriert
bis aus ihrem Fell – oh Gott!
deutlich signalrot was steht
die Weible sin evakuiert – egal
mer macht halt was
dass d'Zeit vergeht
e Oma flieht entsetzt
zieht ihren Enkel mit
der stolpert störrisch nebeher
im Rückwärtsschritt
sie fühlt sich schamverletzt
des Büble hätt gern weitergeguckt
es war schwer int'ressiert

sie beschmeiße sich mit Apfelbutze
rauche Gelberrübe-Zigarre
sie kicke Sägmehl durch d'Gegend
verzettle mutwillig de Dreck
zeitweis geht's zu im Affehaus
wie zu meine Volksschulzeite
in de große Paus
schlechte Affe ware mir net

sie kacke vom Kletterbaum
rechts obe unner de Deck
in ihren blecherne Fressnapf
links unne in de Eck
als Zielübung – es müsst net sei
ihr Wärter, de Eugen
der Trottel macht's weg

die mache absichtlich Sauerei
sagt der ältere Herr nebe mir
die sin halt net freiwillig hier
Affe sin hochintelligent
bei dene geht's menschlich zu
wenn Sie sich ärgere übers Hotel
was mache Sie dann?
ich kann's Ihne sage:
Sie lasse unnötig s'Wasser laufe
un putze mit de Vorhäng d'Schuh

unner de Woch isch's schwer
für die Affe im Zoo
des Haimweh nach ihrem Regewald
wird mit jedem Tag schlimmer
sie gucke in d'Welt
als sei nix drin
wie in e leeres Zimmer

sie schiebe ihre Schnute
bis zu de Backeknoche
durch die Käfigstange raus
dann sehe se die Gitterstäb
nur noch seitlich verschwomme

ihr ainziger Lichtblick
isch des Familieprogramm am Wocheend
wenn die Karlsruher Verwandte
mit ihre Junge komme.

Die Menscher

Es gibt so Geschöpfe
die ums Verrecke net
in d'Grammatik passe wolle
wo mer als Mann
sofort zu spät spürt
von dene sollt mer …
hätt mer d'Finger lasse solle

do hat de Teufel mit'm Liebe Gott
prima z'ammeg'schafft
synergetisch kooperiert
un in de letschte Schöpfungsnacht
wahrscheinlich gege Morge
mit'm Rescht vom Material
en schöne Blödsinn g'macht

sie habe aus dem Eva-Prototyp
zuerscht ‚das Mensch' im Singular
un dann in Serie im Plural
sämtliche ‚Menscher' produziert
die knitze Menscher
die Lumpemenscher
Dreckmenscher un saubere Menscher
Menscher ohne Ende
un für den Bereich ländlich-asozial
sogar Saumenscher, elende
dass immer Zirkus isch
in dem Jammertal

dass d'Männer schon im Diesseits
e Jenseits-Vorg'schmäckle kriege
von dem Roseblätterdüftle

vom Champagnerfrühstück im Himmelbett
bei Ganzkörper-Kraulmassage
von de Stirnglatze langsam abwärts
bis runner zu de Füß
von dem schenkelwarm temperierte Lüftle
der ewige Wellness in dem Männerparadies

von dene Quale uff'm Nagelbrett
dem Folterg'stell
bei wechselnder Extremtemperatur
mit Mischtbrüh-Aufgüss
in der Weißglut-Tiefkühl-Höll

vom Fegefeuer
der ständig überfüllte Sammelstell
wo sich die Durchschnittssünder
bei Umluft un mittlerer Hitz
reumütig verbiege
bis se bei guter Führung
ihren Passierschein kriege

ach, das Mensch
diese Menscher
schenke dir alles
was du will'sch oder net
Himmelbett oder Nagelbrett
g'schenkt isch g'schenkt
es lasst sich net trenne

es isch halt
en göttlicher Schnupperkurs
mer kann sich
teuflisch d'Nas verbrenne.

Nei'feiere bei s'Bratzlers

Mach bitte e anneres G'sicht, Uli! So kann'sch net unner d'Leut!

Ich will garnet unner d'Leut. Deshalb mach ich so e G'sicht.

Also absage könne mer nimme. Des hätte mer uns früher überlege müsse.

Im Prinzip kann mer immer absage. Des ganze Lebe besteht nur aus Zu- und Absage. Ja oder nein. In jeder Sekunde entscheiden wir, wie's weitergeht. Und ob's überhaupt weitergeht. Darin liegt die existenzielle Freiheit des Menschen und zugleich sein Fluch. Sartre sagt …

Des isch mir momentan wurscht, was der sagt. Guck lieber, was du mit dei'm Hemd treib'sch! Wenn'd so weiter mach'sch, krieg'sch unne zwai Knöpf zuviel!

Herrgott! Hätt'sch des net früher sage könne? – Des kommt, weil ich mich innerlich gege des Fortgehe sträub! Ich möcht mich in der Freizeit erhole. Ich hätt gern mol widder ein Wochenende zur freien Verfügung. Aber nein! Mir müsse bei dene Bratzlers rumhocke. Bloß weil du mit dere …

Reiß net so an dem Hemd rum! Ich will net noch'n Knopf a'nähe müsse. Deine annere weiße Hemde sin in de Bügelwäsch.

Ach Mensch, jetzt g'mütlich dehaim bleibe könne! Bissl rum un num mache. Fernsehgucke. Von mir aus Knöpf a'nähe. Nebebei bügle.

So? Des wollt'sch du heut obend eventuell nebebei mache?

Du, ich müsst net fernseh. Ich könnt was lese, Musik höre, im Internet rumsurfe. Oder mich ai'fach net rasiere. Des wär mir g'macht g'nug.

Mach bitte voran! Brauch'sch dich nimme großartig in den Sessel setze. Um halb acht isch der Sektempfang im Garte. Mir komme eh schon zu spät.

Umso besser. Von Sekt krieg ich Sodbrenne. Ein gepflegtes Pils wär mir lieber.

Also bitte, bei's Bratzlers wird's vermutlich Champagner gebe!

Ja klar. Vom Aldi! Ein Aldi-Champagnerempfang. Für sowas muss ich mich net beeile.

Woher will'sch denn wisse, dass der Champagner vom Aldi stammt?

Weil's mir der Bratzler, der Guido, selber g'sagt hat. Ganz stolz. Seine Petra kauft ziemlich alles beim Aldi.

Na und? Isch des schlimm?

Des net. Aber es isch halt typisch für die Sort Leut. Bei dene kann'sch lerne, wie mer's zu was bringt. Champagner muss es sei. Aber vom Aldi! Des nenn ich großkotzig spare!

Des kann uns doch egal sei. Oder schmeck'sch du den Aldi beim Champagner raus?

Du wir'sch lache – ja! Bei normale Leut net. Aber bei dene hat er e Beig'schmäckle. So ein Anspruchsaroma. Ein geiziges Bouquet. Wie soll ich sage?

Am beschte, du sag'sch nix un zieh'sch endlich den zwaite Socke a!

Des sin so Leut, versteh'sch, die wolle mit de große Hund brunze geh un kriege s'Füßle net richtig hoch.

Du, der Guido hat ganz schön Erfolg mit seiner Direkt Marketing Firma. Was isch des aigentlich genau?

Was waiß denn ich? Adresseschieberei. Sowas Halbseidenes. Nix G'scheites.

Aber Geld wird in der Branche anscheinend verdient. Sonscht könnt der net den nagelneue Porsche fahre.

Was hat des heut zu sage? Anzahlung rüberblättere. Monatlich abstottere. Wenn bei alle Nobelschlitte, die net bezahlt sin, plötzlich die Hup losging, däd dir uff de Straß des Trommelfell platze.

Also des isch widder en Vergleich!

Es isch aber so! Wer kann denn heut noch warte, bis er was bezahle kann? Hauptsach, der Porsche sieht bezahlt aus.

Halt! Net die Hos. Nemm die. Die mit de Bundfalte.

Ah, jetzt in bequeme Indoor-Sache uff de Couch rumkurgle! – So ungefähr, guck!

Uli, bitte! Lass jetzt den Quatsch!

Ohne Gürtel, der spannt. Gummizug. Kaine Schuh, die drücke. Barfuß in de Hausschlappe. Die grad so abfalle, wenn mer sich uff de Bauch legt und die Füß über den Couchrand gucke lasst. Sieh'sch? So. Wo steck'sch denn?

Im Schlofzimmer! Gucke, was ich a'zieh. Im Freie wird's nachts frisch. Du sollt'sch a was Warmes zum Drüberziehe mitnemme. Dei Strickjack.

Dehaim müsste mer vor allem nix schwätze, wenn uns nix ei'fallt. Des wär Entspannung pur.

Ganz toll, wirklich! Doch, des hat was!

Main'sch des jetzt ironisch?

Ach was, überhaupt net! Stell ich mir wunderbar vor! Ich am Bügelbrett. Weil ich samstagobends so gern bügel. Nebeher gucke mir die dritte Wiederholung vom „Tatort". Laufend muss ich dir erkläre, was in dem Film grad passiert. Weil du dich zwische Lese und Fernsehgucke net entschaide kann'sch. Aber aigentlich für beides zu müd bi'sch …

Jetzt mach aber en Punkt, Ursel!

Aber trotzdem net ins Bett geh'sch, nur immer öfter gähn'sch und wisse will'sch, wieviel Uhr isch. Und jedesmol sag'sch „Was? Soviel Uhr scho?" Nach der Zigarett ging'sch ins Bett. Ob ich mitging. Dann hör ich dich irgendwann schnarche un muss dich wecke. Weil du sonscht im Wohnzimmer schlof'sch und mitte in de Nacht verstört ...

Schluss jetzt! Ich kann die boshafte Übertreiberei net vertrage. Manchmol ha'sch du so eine Art! Die bringt mich zur Weißglut!

Un de ganze Obend freue mer uns, dass mer net schwätze müsse, weil uns nix ei'fallt! Wahnsinn! Toll! Ich krieg des Saturday Night Fever!

Jesses, des mit dem Bügle war doch nur ein Beispiel! Für irgendwelche häusliche Tätigkaite. Was man halt so macht.

Was frau halt so macht. Wollt'sch vielleicht sage.

Ach was! Von mir aus könnt'sch du in deiner Brigitte rumblättere. Neue Rezepte mit Bilder ausschneide. Oder italienisch lerne. Blume umtopfe. Intensiv Schönheitspflege treibe. Einen Wellness-Abend mache. Dich verwöhne, wie du oft sag'sch. Mach'sch doch gern.

Noch lieber lass ich mich verwöhne.

Klar. Versteh. Ich könnt dich massiere. Ganzkörpermassage. Vorher schön einöle. Lang nimme g'macht. Langsam, vom G'nick abwärts. Spür'sch des? So etwa. Un dann könnt mer eventuell – wellnessmäßig wär's Zeit.

Uli, lass des! Schwätz mir net über d'Schulter. Du wai'sch genau, des kann ich net leide, wenn ich mich fertigmache will. Du könnt'sch vielleicht noch deine Schuh putze.

Des mach ich, wenn mer zurückkomme. Die were im Garte sowieso widder dreckich.

Fahr wenigschtens mit'm Lappe drüber.

Mensch, dehaim wär's so schön. Du könnt'sch e Klainigkait köchle. Oder nur was richte. Kalt. E schönes Salätle. E Käsplättle. Grad zum Schnabuliere.

Hör zu, ich freu mich über die Einladung, weil ich net in de Küch steh muss. Die bleibt heut sauber.

Bitte, dann könnt ich was brutzle. Ich hätt Luscht.

Um Gottes wille!

Was soll des haiße? Kann ich vielleicht net koche? Die Fischsupp neulich. Die Bouillabaisse. Do habe aber alle d'Löffel abg'schleckt, oder?

Die war gut, ja. Nur mein Genuss beim Esse war etwas überschattet von der Vorstellung, wie die Küch aussieht. Der Monsieur Bocuse macht schließlich nix weg. Für die niedere Arbaite hat er sei Leut.

Moment! Du kann'sch nur net warte, bis ich die Küch saubermach. Ich hock halt nach'me gute Esse mit Freunde gern noch e bissl rum. Schwätz, rauch e Zigarett. Des g'hört für mich dezu.

Ja. Bis mer des G'schirr zum nächschte Esse braucht. – Horch, lass uns net diskutiere, was mer dehaim alles mache könnte oder net. Weil mer fort sin. Fertig ab!

Herrgott, die Ei'ladung isch mir wie Spitzgras! Nur weil du in dei'm Italienischkurs diese Petra Bratzler kenneg'lernt ha'sch.

Lieber Gott, mir müsse doch net ewig bleibe! Ich möcht a net, dass es so spät wird. Dass mer vom Sonntag noch was hat. Wenn der erschte Schwung uffsteht und sich verabschiedet, gehe mer mit.

Des muss mer sich vorstelle! – Fortgeh von dehaim, nur um zu lauere, bis die erschte uffstehe, dass mer widder haim kann! Hirnwidrig!

Komm, so isch's net. Mer könnt sich aus Versehe amüsiere! Des Lauere vergesse. Zeitweis.

Mit de richtige Leut, ja! Kein Problem.

Egal. Bis Mitternacht müsse mer jedenfalls bleibe!

Was? Warum? Wer sagt denn des?

Weil die Petra erscht morge Geburtstag hat. Am Sonntag. Sie feiert in ihren Geburtstag nei.

Was macht se? Sag des nochmol, bitte!

Die Petra feiert in ihren Geburtstag hinein. Sie hat erscht morge. Also ab null Uhr heut Nacht.

Au, des hab ich gern! Wenn se in ihre Geburtstäg nei'feiere! Dass mer so vier, fünf Stunde aushalte muss, bis es endlich losgeht.

Aushalte – so derf'sch des net seh.

So isch's aber! Alles hängt schon rum, verdrückt s'Gähne, schielt haimlich uff d'Uhr. Manche döse e Runde uff'm Klo. Schließe sich dort ein, um e bissl für sich sei zu könne.

Ja, du mach'sch so Zeug, ich waiß. Bei Bachwirts, des denkt mir ewig. Du bi'sch nimme beikomme. Mir habe g'rufe, an die Tür geballert. Keine Reaktion. Zum Glück war des Fenschterle offe. Der Walther klettert an de Glyzinie hoch. Guckt nei. Sieht dich nebe de Kloschüssel liege. Mit der Klopapierroll unnerm Kopf. Hopft sofort runner. Verstaucht sich noch de Fuß. Humpelt zum Telefon. Notarzt, Rettungsdienscht. Möglicherweis Herzinfarkt! Alle stehe leichenblass in dem Wintergarte rum.

Die G'sichtsfarb hat zu der Party gepasst!

Warte, bis Hilfe kommt. Und der Gröbel Alfred frogt mich mit belegter Stimm „Wie alt war er – isch er denn, der Uli?". Denkt mir ewig, vergess ich nie.

Des war taktlos, klar. Sogar saublöd. So isch er halt, de Alfred. Wenn mer waiß, von wem's kommt. Aber ich versteh bis heut net, warum die alle so durchgedreht habe.

Du ha'sch Nerve! Wai'sch du, wie des aussieht, wenn ein Mensch in einer Toilette krumm am Bode liegt? Wie von de Schüssel gekippt?

Ja, und dann zieht er sich beim Herzinfarkt noch aus Schamgefühl d'Hose hoch! Er legt sich was unner de Kopf, dass er's beim Sterbe bequem hat! Entschuldigung, dass ich lach! Des war damals eine kollektive Hysterie! Aber ich hab mir des schon hunnertmol anhöre müsse. Du brauch'sch mir des nimme verzähle. Außerdem war ich dabei.

Du? Dabei? – Der Walther hat dich mit'me Besestiel durch des Fenschter e paarmol kräftig g'stupft. Dann war'sch plötzlich dabei. Leider etwas zu spät. Die Notfall-Ambulanz war schon unnerwegs. Im Blaulicht bei Sirenengeheul ha'sch du schon widder Pils gezapft!

Jaja. Ich waiß, ich waiß! Der Fehlalarm! Für des Geld hätte mer in einem Allgäuer Sporthotel ein verlängertes Wochenende buche könne. Bloß, was soll ich dort? Übrigens, wär ich net rechtzeitig uffg'wacht, dann hätte die vermutlich die Klotür gewaltsam geöffnet. Praktisch nei'getrete. Des wär genau so teuer komme. Also! – Und wenn des damals net passiert wär, däd heut niemand mehr von dem Obend schwätze! So g'seh, habe mer wenigschtens die Erinnerung an was. Dass uns die Bachwirts nimme ei'lade, kann mer ihne net verdenke. Ich kann gut demit lebe. Also!

Uli, dei Logik macht mich manchmol sprachlos. Do fallt mir nix mehr ei. Aber gut, es isch rum, lemmer's!

Was? Was rum lemmers?

Es ist vorbei. Lassen wir es! Das Thema.

Ha'sch Recht. Lemmer's lieber! Sonscht kriege mer noch Krach. – Was gibt denn des jetzt?

Ich bügel noch g'schwind die Blus. Mensch, ich hab wirklich nix G'scheites mehr im Schrank! Der g'hört mol aussortiert. Ich weiß nicht, was ich a'ziehe soll!

Also gut, prima! Dann bleibe mer dehaim! – Hineinfeiern, wenn ich sowas schon hör! Schlag zwölf, wenn mer bettreif wär, soll mer sich nochemol frohsinnig aufbäumen. „Happy Birthday" schmettere. Oder „Hoch soll sie leben … dreimal hoch". Soll womöglich die Geburtstagsfrau debei stemme!

Niemand verlangt, dass du heut Nacht die Petra lüpf'sch!

Darum geht's net. Wenn mer nachher verschwinde könnt, wär mir des egal. Aber des kann'sch net mache. Wo die Frau nach fünf Stunde endlich seit drei Minute Geburtstag hat!

Lieber Gott, dann bleibt mer halt noch e Stündle.

Ich kenn des Stündle! Dann fehlt nur noch, dass irgendwer so eine Partyknüller-CD aus den Sechzigerjahren ei'schiebt. Volle Lautstärke. De Teppich wird uff d'Seit gekickt. D'Fraue schlenkere in nostalgischer Ekstase ihre Pumps weg. Schon geht's ab. „Let's Twist Again". Du will'sch in dei Bett un hopf'sch aus Verzweiflung rum wie'n Aff. Des Nei'feiere in Geburtstäg isch für mich Nötigung!

Du, des wird vielleicht ganz nett. Also ich däd gern mol widder tanze! Mir ware schon ewig nimme tanze!

Es hat sich halt net ergebe. Mir fehlt des net. Der tägliche Eiertanz im G'schäft zur Zeit langt mir.

Komm, schlupf in dei Hos!

Mir graut vor dem Small-Talk! Vor diesem Magerstufe-Geschwätz. Zehn Prozent Fett. So ein „Du Darfst"-Blabla. Mit'm Riedelgläsle vor'm Bauch im Design rumsteh. Belanglosigkaite austausche. Nach zwai Stund bi'sch hundemüd vom konzentrierte Weghöre!

Vorsicht! Fall net über die Nachttischlamp! Du kann'sch doch net mit baide Füß gleichzeitig …

Wie hat unser lieber Freund Peter Lober selig immer g'sagt? „Es gibt Leut, die schwätze nur, dass d'Lab wackelt". – Herrgott, ich krieg die Hos nimme zu! Scheint's in der Rainigung ei'gange.

Komisch, immer nur am Bauch, gell? Wie die des in der Rainigung mache?

Also zug'nomme kann ich net habe! Wenn ich seh, was annere esse! Ich ess doch wie'n Spatz.

Aber du trink'sch net wie'n Spatz! Rotwein zehrt net!

Komm, Themawechsel! – Was ha'sch als G'schenk für die Petra?

Ein italienisches Kochbuch. Drauße in de Küch liegt's. Schon verpackt.

Ein Kochbuch? Net grad originell, oder?

Kein normales Kochbuch. Ganz edel g'macht. Im blaue Samtschuber. Mit wunderschöne Fotos von Landschafte und Mensche. Vor allem sin zwai CDs beigelegt. Pavarotti und …

Wie der sei Hos zukriegt, däd mich int'ressiere! Na ja, der wird sei Klamotte maßschneidere lasse. In Turin oder so.

Und eine CD mit italienischer Tafelmusik der Renaissance.

Aha! Beim Koche Pavarotti. Dass mer mit'm Fett sparsamer umgeht. Mer will jo net so aussehe wie der. Vor allem, wenn mer netmol singe kann. Später beim Esse Lautenmusik. Renaissance-Zim-Zim. Zu de Krammetsvögel an Wildhonig-Pistaziensoße. Oder zum gefüllten Kapaun mit glasierten Zwergmaronen aus Umbrien. Dass es vornehmer rutscht!

Quatsch! Oft sin des ganz einfache, ländliche Gerichte. Teilweise richtige Arme-Leute-Esse von früher. Bissl verfeinert.

Ach Gott, die arme Leut, die Bratzlers! Müsse beim Aldi ei'kaufe. Furchtbar! – Also für Ravioli mit Tomatesoß in de Büchs brauch ich kai Kochbuch mit italienischer Musik! Oder für Aldi-Tiefkühlpizza. Die verdrück ich so. Bei de Tagesschau.

Also e bissl vielseitiger isch die mediterrane Küche schon! Aber die Rezepte sin net überkandidelt. Verständlich g'schriebe. Nach dem Buch kann mer problemlos koche.

Ja. Wenn die Zutate net wäre! Beim Ei'kaufe wir'sch blöd a'geguckt. Und betont höflich behandelt. Direkt behutsam, weil ...

Isch des verkehrt?

Weil net jeder Verrückte harmlos isch! Besonders, wenn er kain Kreuzkümmel, kain Pimpernel, kaine Safranfäde kriegt. „Ach, sie haben nur den normalen Thymian? Keinen Bergthymian?".

Ach was! Spinn doch net! Was ich an dem Buch noch toll find – die Weine aus dene verschiedene Regione werde ausführlich besproche. Des isch auch für de Guido als Weinkenner was.

Der? Weinkenner? Nur weil der einen temperierten Weinkeller hat? Wo er massenhaft Flasche hortet, die mer immer jetzt noch net trinke soll. Weil sie den Zenit der Reife noch nicht erreicht haben. Weinkenner wird mer durch Trinke, net durch Sammle! Wenn ein Wein noch net soweit isch, wenn ich ihn trinke will, hat er halt Pech g'habt.

Aber zum Guido ha'sch g'sagt, so'n Keller hätt'sch gern.

Ich wollt ihm halt e Freud mache. Als Gascht. Alle Mensche freue sich, wenn mer ihne sagt, dass mer gern hätt, was sie habe, aber laider net hat.

Sei ehrlich, e bissl neidisch war'sch doch. So gelblich um d'Nas. Ich kenn dich doch!

Ach woher denn! Ich war nie ein Freund von längerer Vorratshaltung bei Wein. Des überlass ich gern dene Leut, die mit Wörtle rumschmeiße wie „Barrique“ oder „Grand Cru“ oder „Sommelier“. Aber in Frankreich net froge könne, wo's zum Klo geht, ohne drei Grammatikfehler zu mache!

Braucht mer neusprachliches Abitur, um was von Wein zu verstehe?

Blödsinn! Darum geht's net! Nur, der Guido hat sich schon bei unserer erschte Begegnung als Weinkenner, so genannter, blamiert. Kredenzt mir mit viel Tam-Tam und Kennermiene einen Silvaner. Von seinem Öko-Winzer. Geheimtipp! Ich waiß nimme, woher der Wein war. Hab ich sofort vergesse. Wollt ich nach'm erschte Schluck a nimme wisse. Kurze Charakterisierung: belanglos im Komme, nass im Mund, grußlos im Abgang. Gut gege starken Durscht.

Ich war doch beim Probiere uff de Terrass debei. Aber ich waiß noch, du ha'sch angenehm überrascht g'nickt. „Doch, ein grundehrlicher und kompromisslos ausgebauter Tropfe", ha'sch, glaub ich, g'sagt. So ähnlich jedenfalls.

Was hätt ich denn sage solle? Des hat g'stimmt! Der Wein hat von Anfang an nix versproche. Und des hat er g'halte. Überrascht war ich tatsächlich. Mer kann von'me Geschmack überrascht sei, der net kommt. Noch nie erlebt?

Doch. Schon oft. – Sei so gut, mach mir die Blus hinne zu.

Wo? Ich seh kaine Knöpf.

Oben. Die Öse im Nacken.

Was? Ach, den Hake im G'nick? Sag's doch glei! – Wart. So, jetzt. Halt! Ne, Moment. Widder net. Aber jetzt …

Lass! Lass, geh! Ich hab's. – Mu'sch du nochmol ins Bad?

Ich waiß net. Könnt sei. Warum?

Weil ich mich fertigmache will. Ich muss mich noch schminke. Ich brauch net lang. Fünf Minute.

Dann geh halt. Aber wenn du drin bi'sch, muss ich garantiert. Wart's ab! Es rumort schon in mir rum. Die Hetzerei!

Kann'sch net ausnahmsweis des Klo obe benutze?

Klo? Den enge Hasestall? Dort könne Liliputaner ihre Notdurft verrichte. Ich krieg Beklemmunge. Klaustrophobie. Ich kann dort net!

Entschuldigung. Wer war denn damals gege ein zweites Badezimmer mit Toilette? Ich zitiere: Sowas brauche mir net. Verschenkter Platz. Des isch rausg'schmissenes Geld.

Du, für unsern Frederik war des Klo lang groß genug.

Ja. Bis fünfzehn. Dann hat er seine Füß seitlich durch d'Tür rausstrecke müsse. Weil er sich des rechte Knie am Handwaschbecke a'gschlage hat.

Jesses, der arme Bu! Hör zu, wenn mir früher uff's Klo ...

Ja, ich waiß! De Abort in der Zwischenetage. Für vier Familie. Im Winter eiskalt. Von wege Klopapier! Zeitungspapier am Drahthake. Die BNN. Schon damals.

Komm, geh vor mir ins Bad. Ich schreib inzwische des Geburtstagskärtle für d'Petra. Aber mach net so lang. Ich will kain Brief ...

Halt! Jetzt bleib drin. Ich muss nimme. – Die Bratzlers habe drei riesige Bäder. Und was waiß ich wieviele separate Toilette. Und alle mit Beinfreiheit!

Do kann'sch dir heut nacht raussuche, wo'd schlofe will'sch.

Komm, lass die Stichelei! – Finnische Saune, Schwimmbad, Fitness-Raum. Müsst ich net unbedingt habe. Überhaupt, braucht mer des alles?

Ich waiß net. Es isch jedenfalls besser, mer hat was und braucht's net, als mer bräucht was und hat's net.

Was? Sag des nochmol, bitte.

Du, ich – ich kann – beim Schminke – schlecht rede.

Also die Küch mit dem Mittelherd hat dich gepfupfert. Des hab ich genau g'merkt. Eisbröckele per Knopfdruck aus'm Crusher. Oder wie des Gerätle haißt. Die Petra – „Ach, in den Staaten ist das Standard in jedem Haushalt. Ist auch'ne feine Sache. Wenn man so am Abend sonnendurchglüht vom Green kommt. Dann einen eiskalten Sundowner". Ich krieg Kopfweh von dem G'schwätz!

Aber – du ha'sch dir dauernd – dei Glas – vollkleppere lasse.

Ja. Aus Langweil! – Oder dieses chromblitzende Trumm von einer Kaffeemaschin! Wie in der Cafeteria vom Mailänder Hauptbahnhof. Röhrle, Ventile, Kontrolllämple, Druckanzeiger. Des hat richtig g'fährlich ausg'seh. Und die Petra – „Die Geschichte muss ich euch erzählen. Da war extra so ein Herr von Saecco da. Im Armani-Anzug. Zu einer zweistündigen Einführung. Stellt euch vor, wir haben sogar ein Kaffeeseminar gebucht". Sowas isch doch pervers, oder?

Pervers? Na ja. Jedenfalls – du ha'sch – ganz fasziniert – an dem Ding rumg'fingert. Wollt'sch alles – alles genau wisse.

Weil ich als Kind so gern e Dampfmaschin g'habt hätt! Aber des Geld habe mir net g'habt. Bei vier Kinner! De Vadder Rangierarbaiter im Güterbahnhof. Unser Mudder hat nebeher …

Ich waiß, Uli! – Für fremde Leut Wäsch g'wasche un gebügelt. Oft bis in die späte Nacht. Beim Licht von einer 40-Watt-Birn. Um Strom zu spare. – Verzähl bitte net weiter! Ich kann net heule. Sonscht verlauft mir die Wimperntusche.

Sei vorsichtig, Ursel! In dem Punkt vertrag ich kain Spaß! Auch keinerlei Ironie! – Aber des habe mer immer g'habt dehaim: Herzlichkait, Wärme, ein offenes Haus für jeden! Bei aller Armut!

Also, dass die Bratzlers net herzlich und gaschtfreundlich wäre, kann mer wirklich net sage. Dass die Geld habe, kann mer ihne net vorwerfe. Oder?

Des net. Aber die Herzenswärme kommt für mich immer so e bissl aus de Fußbodehaizung.

Wie main'sch denn des? Versteh – ich – net.

Na ja. Ich kann mir net helfe. So regulierbar, so nach gehobener Ausstattung kommt mir des vor. Ich kann's net erkläre. Net echt halt!

Warum lach'sch denn jetzt?

Ich muss grad an diesen begehbaren Kleiderschrank denke. Du, der war doppelt so groß wie meine frühere Studentebude. Wenn kaine Klamotte drinhinge, wär des ein vollwertiger Wohnraum.

Aber dann – wär's halt – kein begehbarer Kleiderschrank mehr.

Ja braucht mer denn sowas? Muss mer in sei'm Klaiderschrank rumdappe könne? Die Petra – „Lacht nicht, aber hier zieht sich der Guido manchmal zurück. Zum Stressabbau bei völliger Dunkelheit und Stille. Daher der Sessel". In de Schrank nei'hocke! Des isch doch krank, sowas!

Schrei net so. Soll – soll ich mir s'Aug – raussteche?

Als hätt die sonscht kain Platz! Des Haus hat zwölf große Zimmer. Oder noch mehr. – Ich waiß, was jetzt von dir kommt. Sag's schon!

Was? – Was soll – ich sage?

‚Jojo, des wär mir zu groß. Wollt ich net. Des muss mer nur alles putze!'

Die Petra hat eine Putzfrau!

Ja klar. Natürlich. – Ursel, ich fühl mich bei dene Leut net wohl. Also die passe ai'fach net zu uns. Des isch net mei Welt. Die nemme uns doch garnet für voll.

Mich schon. Dich weniger. Sollte dich nicht wundern. So, jetzt will ich dir mol was sage! Wie mer in de Wald ruft, so schallt's raus!

Was will'sch damit sage?

Du bemüh'sch dich schon garnet, dene Leut näher zu komme! Du beteilig'sch dich an keiner Unterhaltung. Stattdesse spiel'sch demonstrativ mit de Kinner uff'm Bode oder im Garte!

Soll ich über den Aktienmarkt schwätze? Über die neueschte Autos, Cluburlaube in der Karibik, Fresstempel in der Umgebung? Oder über Golfhotels in Südafrika? Des int'ressiert mich net! Ich versteh nichts davon! Des isch für mich wie Suaheli.

Aber deshalb muss mer net uff so eine blöde Art provoziere!

Ich? Provoziere? Sag mir ein Beispiel, wo ich bewusst provo…

Hör zu. Die rede über Golf. Gut, net dei Sach. Meine a net. Aber dann hört mer halt mol zu. Was mach'sch du? Ich wär am liebschte im Erdbode versunke. – Du komm'sch mit dei'm depperte Mini-Golf!

Du, des spiel ich gern!

Ja, ha'sch g'sagt. Es war nur peinlich!

Wieso? Mir net!

Und du ha'sch nimme uffg'hört! Die Anlage im Wiesbronner Kurpark sei eine echte Herausforderung für jeden Mini-Golfer. Deine Platzvorgabe dort sei vierezwanzig.

Do habe se geglotzt, gell!

Sage mer so. Sie habe sich vielsagende Blicke zug'worfe. Dass du mit zwai verschiedene Eise spiel'sch, hat alle stark beeindruckt. Mit'me leichte aus Aluminium. Beim endgültigen Einlochen. Wo's um Fingerspitzengefühl geht. Mit'me schwere aus Messing. Bei entschlossene Präzisions-Kraftschläg. Über acht Meter und mehr.

Ja. Bei der Schneckegang-Schikane zum Beispiel. Eine knifflige Sach! Sieht leicht aus. Aber der Ball verhopft, rollt z'rück. Wir'sch verrückt.

Ha'sch alles ausführlich erklärt! Dass mer in Wiesbronn sei Pilsglas uff de Beleuchtungspfoschte abstelle könnt. Überall hätt's Aschenbecher. Und der Unnerschied zwische Golf und Mini-Golf sei nur die Entfernung zum Loch.

Aber dafür seie halt beim Mini-Golf die Hindernisse eingebaut.

Bitte, des stimmt doch im Grund!

Am Schluss ha'sch noch g'sagt, für einen Jahresbeitrag im Golfclub könnt'sch du dein ganzes Lebe lang Mini-Golf spiele. Ich hab in de Handtasch rumgekramt. Vor lauter Verlegehait. Aber zum Glück hat niemand mehr zug'hört.

Ursel, ich bleib debei! Zwische Mensche, die zum Golfspiele nach Johannesburg fliege und solche, die mit der Stadtbahn zum Mini-Golf nach Wiesbronn fahre, liegen Welten! Ich sag das ohne Wertung.

Du bi'sch ganz schön arrogant, mein Lieber!

Ich? Ich arrogant? Nur weil ich mit dene Leut net kann? Platzreife im Golf, aber vor de Mittlere Reife aus de Schul g'floge!

Sieh'sch, des main ich mit arrogant! Es wurde an dem Abend im übrigen net nur über Golf g'redet. Sondern auch über Politik und gesellschaftliche Probleme.

Ja. Ich hab's mit'kriegt. Mit einem Ohr. Mir isch s'Messer im Sack uffg'ange. Mir isch schon was uff de Zung g'lege. Wenn ich des net runnerg'schluckt hätt, könnte mer heut dehaim bleibe.

Komm, lemmer's. Lasse mer's! Du kann'sch ins Bad. Ich bin fertig. Du wollt'sch noch uff's Klo.

Hat sich erledigt. Aber ich muss noch g'schwind Zähn putze.

Dann mach! Des macht mer normal nach'm Dusche. Jesses, halb acht vorbei! Mir komme zu spät! Beeil dich! Ich pack inzwische mei Tasch. Wo isch des G'schenk? Soll ich dir was ei'stecke?

Ja! Die Ülumwohimmerisch! Eche ierröcherimmei Affefutter!

Was? Affefutter? Nemm doch die Zahnbürscht raus! Ich versteh dich net!

Taschenfutter!

Jaja! Mach jetzt! Du ha'sch noch Zahnpaschta am Kinn. Wart. So, weg. Die Tür zu und los. Schließ ab! Es wird in letschter Zeit viel in de Gegend ei'gebroche. – Uff was wart'sch? Hopp, auf!

Du ha'sch doch de Schlüssel in deiner Handtasch!

Ich? Wenn mir z'amme fortgeh'n, ha'sch du immer d' Hausschlüssel! Mir müsse doch net zwai Schlüssel rumtrage.

Ursel, bitte! Grad vorhin ha'sch du mich g'frogt, ob du mir was einstecke kann'sch! Richtig?

Ja! Un beim Zähnputze ha'sch irgendwas g'lallt. Affefutter, Taschenfutter oder sowas.

Ich hab dir aus'm Bad laut und deutlich geantwortet: Ja! Die Schlüssel uff'm Wohnzimmertisch. Die steche mir immer Löcher ins Taschenfutter! – Wörtlich. Des waiß ich noch genau.

Laut war des, aber net deutlich! Mit de Zahnbürscht im Mund! Wie soll ich denn des versteh?

Herrgott, wenn mer was Wichtiges net versteht, dann fragt mer halt nochmol!

Wie soll ich wisse, ob was wichtig isch, wenn ich's net versteh? Menschenskind, die ganze Zeit schwätz'sch mir de Kopf voll. Mit unwichtigem Zeug. Mit allem mögliche Blödsinn ...

Vielen Dank für diese Einschätzung!

Es isch doch so! Und ausgerechnet beim ainzige vernünftige Satz steckt die Zahnbürscht in dei'm Mund!

Ach, bin ich jetzt Schuld? Weil ich Wert auf Mundhygiene leg?

Hätt'sch die Bürscht die ganz Zeit dring'lasse und nur für die Antwort kurz rausg'nomme, des wär besser g'wese!

Gut, dass ich des in Zukunft waiß!

Warum? Will'sch ab jetzt mit de Zahnbürscht im Mund rumrenne?

Du, wer hat denn so pressiert und triwelliert? Ich vielleicht?

Nein, du net! Des könnt mer net grad sage!

Also! Aber deshalb passiere solche Sache! Weil mer maint, mer müsst alles gleichzeitig mache! Zähnputze, schwätze!

Womöglich noch debei pinkle! Aber gut, es isch zu spät, mir habe Zeit! – Mer sollt öfter warte, bis es zu spät isch. Dann hat mer endlich widder Zeit!

Guck nochmol in deine Kitteltasche. Vielleicht hasch'n doch ei'gsteckt? In Gedanke.

Ach was! Ich hab'n bewusst rausg'legt. Dass du ihn ei'steck'sch. Weil er mir immer durch des Loch im Taschefutter fallt. Und dann zwische Futter un Stoff im ganze Kittel rumwandert.

Was wandert? Wo rum?

Neulich hab ich eine Stunde lang den Schlüsselbund g'sucht. Bis ich was g'hört hab. Kleppere im Kittel. Durch den Stoff durch hab ich'n g'spürt. Hinne unne. – Moment! Ich spür grad was! Was Schweres. Hinne unne.

Gott sei Dank! Sag ich's net? In Gedanke! Also des wär was g'wese! Ohne Schlüssel vor …

Mein Schweizermesser! Vermiss ich seit Woche! Hab schon geglaubt, jetzt hätt ich's endgültig verlore. Des freut mich aber!

Ich freu mich mit dir, Uli!

Guck, des muss ich jetzt mit Geduld – viel Geduld – und Fingerspitzengefühl – langsam – zu dem Loch in der Tasch zurück – also zurück zu dem verdammte Tasche-Futter-Loch schiebe. So, ich hab's gleich.

Uli! Mir habe im Moment ein anderes Problem!

Sieh'sch, des isch's! Hab's relativ schnell raus'kriegt. Normal geht's länger. Bin froh, dass ich's widder hab. Erinnerungswert.

Ja, aber ...

Guck, zwölf Funktionen! Zwei Messer, Korkenzieher, Büchsenöffner, Feile, Kreuzschraubenzieher, Pinzette, Zahnstocher. Sogar eine Mini-Nagelschere. Hier, zum Ausklappe. Geht zur Not.

Ja, ich seh's. Steck's weg. In die Tasch ohne Loch. Was solle mer ...

Und hier. Pass uff! Ein Vergrößerungs- und Brennglas. Mit dem kann'sch das Kleingedruckte auf Verträgen lese. Oder die Verträg verbrenne, wenn d'Sonn scheint. Die Linse bündelt die Strahle ...

Kann'sch mit dem Ding unser Haustür uffmache?

Des isch ein original Schweizer Offiziersmesser. Kein Einbrecher-Patentwerkzeug.

Dann brauche mer's jetzt net. Was mache mer?

Such mol richtig in deiner Handtasch! – Komm, gib mol her! Ich guck!

Ich habe deine Schlüssel net! Un meine hänge am Schlüsselbrett im Flur. Aber bitte, hier! Guck selber!

Ach du lieber Gott! Da, nemm! Ich glaub's dir! Scheiße! Was mache mer jetzt?

E dummes G'sicht! – Sag mol, du ha'sch dei Scheckkärtle debei, oder?

Klar. Hier, im Geldbeutel. Warum? Will'sch ins Hotel?

Die Tür isch net abg'schlosse, nur zug'schlage. Mer hört doch immer, dass Einbrecher solche Türe ruck-zuck mit so're Scheckkart uffmache!

Des isch G'schwätz! Jeder hört's, verzählt's weiter. Am End glaube's alle.

Aber des hab ich schon in de Zeitung g'lese!

Dann muss es natürlich stimme! – Hör zu, wenn des so leicht ging, würde d'Leut mit ihre Scheckkärtle mehr ei'breche, als bezahle!

Probier's doch wenigschtens! Schieb dei Kärtle mol seitlich durch den Türspalt. Etwa hier. Wo der Riegel sei könnt. Wer waiß …

Des funktioniert net, Ursel! Des könne vielleicht Profis. Experte mit jahrelanger Erfahrung im organisierten Einbrecherbanden-Wesen. Ehemalige Schlosser mit dem entsprechenden Know-how.

Und mit handwerklichem G'schick, gell! Du däd'sch eher des Kärtle abbreche. Vielleicht brauche mer's heut noch.

Will'sch du mir einen Mangel an krimineller Energie vorwerfe? Soll ich beruflich umsattle?

Schwätz net! Gib mir mol des Kärtle!

Finger weg! – Thema durch! Sowas fange mer garnet a!

Sowas von stur! Mensch, mir wolle doch nur in unser aigenes Haus! Des isch doch keine strafbare Handlung!

Ich geh nur durch Türe, für die ich ordnungsgemäß Schlüssel hab! Fertig aus!

Die habe mer doch! Nur drin! – Mer könnt glaube, du ha'sch Angscht.

Wieso? Vor was denn?

Mir könnte ohne Schlüssel in unser Haus komme. Mit dem Scheckkärtle. Und wenn du des kann'sch, schafft des jeder.

Komm, lass des Thema! Überlege mer lieber in Ruh, was mer jetzt mache. Setz dich nebe mich uff s'Trepple.

Wie bestellt un net abg'holt. Was soll d'Nachbarschaft denke? Bei de Löfflers wackelt schon s'Vorhängle.

Pass uff. Der Fred und die Tanja habe unsere Ersatzschlüssel. Die sin aber noch im Urlaub in Südtirol. De Wievielte habe mer heut?

De Vierzehnte.

Dann komme se morge zurück. Weil de Fred am Montag schaffe muss. Gege Mittag wollte se dehaim sei.

Du, vielleicht sin die schon da? Wenn die Krach kriege, fahre se doch immer früher heim. Ha'sch dei Handy debei?

Zum Glück. Moment, ich probier's. Die Nummer – gespeichert. Zychinski. Zychinski. Wo isch er? Aha, da isch er. Ganz am Schluss. So. – Ruhig!

Kann sogar sei, dass die garnet fortg'fahre sin. Des wär net s'erschte Mol, dass die vor'm Urlaub ...

Sei doch mol still! Ich versteh kein Wort! Fred!

Sag ich's net! Die sin dehaim! Wenn'd recht guck'sch, habe die ...

Pscht! Noch-e-mol. – So, des war's. Fehlanzeige. Sie habe leider kein Krach kriegt. Des war die Mailbox-Stimm.

Was hat se g'sagt?

Wart, ob ich's z'ammekrieg. – „The person you are calling is temporarily not available".

Was? Kann'sch mir des übersetze?

„Die Person, die Sie gerade jetzt anrufen möchten, ist vorübergehend nicht erhältlich".

Klingt aber komisch.

Herrgott, Klartext! „Sie sin grad net do, komme aber widder!" Bis morge Mittag könne mer net in unser Wohnung!

Jesses, Uli! Um Himmels wille!

Was isch'n, Ursel? Des isch blöd. Aber es isch kain Grund zur Panik!

Des Bügeleise! Hab ich des Bügeleise ausg'schaltet?

Ruhig, ganz ruhig. – Du vielleicht net. Aber ich! Ich bin e paarmol über des Kabel g'stolpert. Dann hab ich den Stecker rausgezoge.

Sicher? Wai'sch des genau?

Ja, ziemlich. Ich waiß noch, ich hab mich g'ärgert. Ich wär beinah in de Gummibaum g'stürzt. Dann hab ich den Stecker aus der Dose g'rupft. Glaub ich. Jedenfalls bin ich nachher die ganze Zeit nimme g'stolpert. Des waiß ich genau!

Sehr beruhigend! – Des Bügeleise geht mir jetzt im Kopf rum. Wenn ...

Vergess des, bitte! Horch, wie ich dich kenn, ha'sch du des vermutlich selber ausg'macht. Wie ich mich kenn, und ich kenn mich verdammt gut, hab ich nach'm dritte Stolpere garantiert den Stecker rausg'risse. Zusätzlich noch! Mehr Sicherheit gibt's net!

Oh, ich waiß net. Wenn ich's nur genau wüsst!

Außerdem, wenn was wär, däde mer's schon rieche! Oder sogar sehe! Mir hocke lang genug do rum! Riech'sch du was? Schwelbrandmäßig? Verdächtige Rauchentwicklung? Sieh'sch du Flamme im Wohnzimmer? Brenne unsere Gardine vielleicht schon?

Jesses, Uli! Mal de Teufel net an d'Wand! – Halt! Was ha'sch vor?

Zu s'Bratzlers fahre, was sonscht? Vergess des G'schenk net! Wenn mer schon über Nacht bleibe.

Du, ich hab mit der Petra telefoniert. Die habe sämtliche Zimmer mit auswärtige Gäscht belegt. Manche sin schon in den umliegenden Hotels einquartiert.

Liegt schon jemand in dem begehbare Klaiderschrank?

Uli, des isch net dein Ernscht?

Wieso net? So wird des Ding mol sinnvoll genützt.

Des kann'sch net bringe! Außerdem, solle mer uff'm Bode schlafe?

Schon überlegt! Improvisation isch alles! Wenn die kaine Schlofsäck habe, mache mer uns ein Matratzenlager. Mit de Polschter von de Gartestühl. Ich garantier dir, wenn ich schlafe geh, sitzt dort niemand mehr rum!

Sei vernünftig, Uli! Bei s'Bratzlers in der Nähe gibt's ein schönes Hotel Garni. Wenn mer Glück habe, kriege mer dort noch …

Ach was! Steig ei, überlass des mir! Des macht mir jetzt richtig Spaß! So rumzigeunere wie früher. Mol widder on the road! Wohnsitzlos bis morge mittag! Na place to go, versteh'sch?

Ich versteh kein Wort! Mach bitte die Musik net so laut! Du wai'sch genau, ich mag des Country-Zeug net!

Du, des isch Johnny Cash! – Mensch, der lebt a schon nimme.

Fahr net so verrückt! Ich möcht noch e Weile lebe! Schlag bitte net so uff dem Lenkrad rum! – Was will'sch jetzt an der Tankstell? Heut morge hab ich vollgetankt. Guck doch!

Wird e lange Nacht. Ich geh Zigarette hole. Was zum Rauche. Brauch'sch du a noch was? – Was ha'sch denn?

Rauche. Des Bügeleise. Hoffentlich brennt des Bügeleise net!

Also des brennt bestimmt net! Wenn alles drumrum verbrennt, aber des Bügeleise net. Eisen brennt nicht!

Uli, bitte. Hol deine Zigarette.

Stell dir vor, des Bügeleise steht morge mitte in dene rauchende Trümmer von unserm Häusle. Schlüssel habe mer, brauche mer aber nimme. Weil …

Uli, sei still!

Weil mer von alle Seite bequem über des verbliebene Gemäuer steige kann.

Hör jetzt bitte uff!

Alles rußschwarz. Nur zwischedrin des Bügeleise, die Brandursache. Des glänzt wie neu, vom Löschwasser sauberg'spritzt. Wär der Griff net verschmolze, könnt mer's noch brauche. – Des Bild!

Du bi'sch heut en Kotzbrocke, Uli!

Was isch'n? – Ach Gott, mer wird doch noch'n Spaß mache dürfe! Dieses Scheiß-Bügeleise isch aus! Ich schwör's, Ursel!

Bitte, lass mich grad en Moment! Kauf deine Zigarette.

Soll ich dir – Tempo mitbringe?

Wieso? Wege de Lachträne über dein Spaß? Danke, net nötig.

Was hupt denn der Depp hinner uns?

Du, der will tanke, stell dir vor! Der kann nur net versteh, warum du zum Zigarettehole an die Zapfsäul fahr'sch und sitze bleib'sch.

Herrgottnochmol, die Huperei, die blöde! Ich kann aggressive Leut net ausstehl! – Des Arschloch g'hört grad aus sei'm Mercedes gezoge! – Ich bin sofort zurück, Ursel.

Halt, bleib drin. Fahr e Stück vor. Ich hol die Zigarette. Wieviel?

Zwai Päckle. Nemm drei! Wer waiß, wie lang mir uns bei s'Bratzlers einquartiere müsse. – Mach bitte e anneres G'sicht, Ursel. So könne mer dort net erscheine. Zu spät, wo sowieso alles glotzt!

Ich mach des G'sicht, des meiner Stimmung entspricht! Fahr vor!

Der spinnt doch! Ja, ich hör's, ich bin net taub! Ich fahr doch schon weg. Der Klügere gibt nach. Also wenn ich grad net so gut druff wär! Pforzhaimer Nummer, typisch! Mildernde Umständ. Niemand kann was dafür, wo er uff d'Welt kommt. So bitte, jetzt tank! Bis dir des Benzin über d'Manschetteknöpf schwappt. Guck net so bös, sonscht …

Hier Schatz, deine Ziga-ret-ten. Eine Scha-hach-tel. Die lahangt!

Sag mal, was isch mit dir plötzlich los? – Sieh'sch, wenn mer sich mit einer Situation mal abg'funde hat. Alles kein Drama. Also jetzt g'fall'sch mir besser!

Ich mir auch!

Flexibel muss mer sei. Aus allem s'Beschte mache.

Genau. Des mache mer jetzt!

Mensch, ich freu mich schon uff die G'sichter von dem Guido un seiner Petra! Wenn mir mit dem Nei'feiere net uffhöre. Wenn die langsam kapiere, dass mir durch-feiere! Sogar raus-feiere! Am Sonntagmittag. Mit einem hoffentlich reichhaltigen Frühstück. Nachher könne die geburtstagsmäßig immer noch was für sich mache. Zu zwait schön Esse-geh. Wenn se net zu müd sin. Kann natürlich sei.

Uli, stell dir vor, wo ich ...

Wo mir schlafe solle, wenn überhaupt? Net unser Problem! In dem begehbare Klaiderschrankzimmer. Uff de Wies unnerm Apfelbaum, de Sternehimmel über uns. Bei dem Wetter kann mer gut im Freie übernachte. Des wär doch romantisch, oder? Habe mer ewig nimme g'macht.

Des brauche mer a nimme a'fange, ich bin froh! Romantik hab ich lieber in einem Romantik-Hotel. Colmar, denkt dir des noch? Ich seh de Sternehimmel gern frisch geduscht vom Balkon aus. Mit'me Glas Crémant in der Hand.

Ich waiß, im Freie im Gras isch net dei Sach. Schnecke, Spinne, Würmer, Käfer. Muss net sei. Von mir aus könne mir im Whirl-Pool übernachte. In de Badwann. Bei annere

Gäscht im Gräbele. Oder mit'm Kopf uff'm Tisch. Egal. Don't worry, be happy! Versteh'sch?

Ja! Aber guck doch mol …

Des macht dir jetzt selber Plaisir, gell? Ich hab's dir vorhin so richtig a'gsehe. Wie du aus der Tankstell komme bi'sch. – Du, dene Leut zaige mir, wie mer feiert! Wenn schon, denn schon! Nei'feiere? Okay, warum net? Aber die solle bitte net glaube, sie könnte alles grad so abpfeife, wenn se genug habe!

Uli, jetzt …

Nix Uli jetzt! – Die schwärme doch nach'm Urlaub immer von dene bettelarme, aber so fröhliche Mensche in der Karibik! Oder? Die ohne Arsch in de Hos – ohne Hemd am Arsch sorglos in de Tag nei'lebe. Vom Mund – also von der Hand in den Mund lebe. Aber kaum habe se ihre Samsonite-Hardcase-Flugköfferle ins Wohnzimmer g'rollt, die Aktienkurse im Fernsehe verfolgt, kriege se widder ihre blasse Beißzangeg'sichter. Es gibt wirklich arme Teufel, die nix mehr habe, außer Geld.

Bi'sch jetzt fertig?

Dene feiere mir was vor! Ohne Dach überm Kopf! Mensch, Ursel, im Augeblick hab ich des Gefühl von Freihait – wie früher manchmol. Tagelang verscholle. Des kommt mir jetzt vor wie Abenteuer-Kurzurlaub. Du, dene Bratzlers sage mir garnet, dass mer net in unser Haus komme. Herrgott, ich bin saugut druff, direkt karibisch! – I shot the sheriff, but I did not shoot the deputee / I shot the sheriff …

Hör uff mit dem Geplärr! Verdammtnochmol! Jetzt hör mol zu, Bob Marley! Guck her! Was isch des? Klink-klonk?

Was? – Was! Des gibt's doch net! Deine – deine Schlüssel!

Genau. Gott sei Dank. Vorsicht! Fahr net in de Grabe!

Wie – wie komm'sch du zu dene Schlüssel? Die hänge doch am Bügel – am Schlüsselbrett! Ha'sch g'sagt.

Hab ich geglaubt, ja. In der Tankstell hab ich se rausg'schlenkert. Beim Zahle von deine Zigarette. Zufall!

Wenn mer in deiner Handtasch was findet, isch's immer Zufall. Was mache mer jetzt?

Fahr an der Ampel links.

Zu s'Bratzlers geht's gradaus.

Ich waiß. Aber uff die zehn Minute kommt's jetzt nimme a. Ich muss wisse, ob ich des Bügeleise ausg'macht hab. Sonscht hab ich kai Ruh.

Wenn ich mol dehaim in de Wohnung bin, krieg'sch mich nimme fort!

Du kann'sch im Auto warte. Ich brauch nur e halbe Minut.

Ja. Vorausgesetzt, dass es noch net brennt.

Schwätz net so Zeug!

Im Auto warte! Wie'n Taxifahrer. Des ganze Lebe warte! Auf Sache, die mer garnet will!

Was?

Ach nix. Warte, bis die Frau Geburtstag hat. Warte, bis die lang genug nei'gfeiert habe, dass mer haim kann. Warte, bis morge nachmittag deine Mutter zum Kaffee kommt. Warte, bis se widder geht. Warte.

Uli, schlof net ei beim Fahre! Hinner uns blinke se mit de Lichthup!

Die solle warte, bis se überhole könne. Ich fahr net schneller. Also do könne se lang warte.

Jetzt komm, gib e bissl Gas!

Ich denk net dra! Mir g'fallt die Blinkerei. Wie in de Disco!

Herrgott, Uli! Was ha'sch denn uff ai'mol? Du war'sch so gut druff!

Ja! War ich! Dann komm'sch du mit deine blöde Schlüssel!

Entschuldigung, des versteh ich jetzt net. Sei doch froh!

Froh? Über was? Dass alles widder so gottverdammt normal ablauft?

Wie main'sch denn des?

Komm, Ursel, lemmer's! Lasse mer's grad! Ich kann's dir net erkläre. Du begreif'sch des net.

Du, Uli.

Was?

Manchmol bin ich erleichtert, dass ich dich net versteh.

Wieso?

Weil ich sonscht verrückt wär!

Schillerwein

Früh unnerwegs. Für mich jedenfalls. Kurz nach neun. Ich schlepp mein Rucksack durch die Fußgängerzone, schräg geduckt gege den eisige Februarwind. Der säbelt mir ins G'sicht. Er kommt „von d'r Alb ra". Er wirbelt mir Schneeflocke entgege.

Ich blinzel über mein Wollschal zu dem Bahnhöfle. Ich hab's net eilig. Hinfahrte plan ich immer. Des muss halt sei. Aber Rückfahrte überlass ich gern dem Zufall. Ich waiß nie, wann die Züg abfahre. Die Regionalbahn nach Stuttgart geht vielleicht jede volle Stund. Von mir aus jede zwaite volle Stund. Ich hab Zeit. Bei Rückfahrte.

Ab Stuttgart Interregio nach Karlsruh. In Stuttgart wart ich gern. Ich trink immer en Schillerwein in der Bahnhofshall vor'm Intercity Restaurant. Des g'hört für mich dezu, wenn ich vom Schwäbische haimfahr.

Mein Zug fahrt mir vor de Nas weg. Ich seh noch die Rücklichter in dem Schneegestöber. Des hätt jetzt net sei müsse. Des ärgert mich. Net wege der Warterei, sondern weil's durch Zufall beinah so schön geklappt hätt. De Nächschte fahrt in're halbe Stund. Na ja, egal.

Nochmol zurück in de „Fläcke". Schönes Wort für Dörfer. Oder für klainere Städt. Des klingt nach engem Menschebetrieb, Wärme, Versorgung, nach Dach überm Kopf un außerum nix.

Ich waiß net, ab welcher Größe man zu're Stadt nimme Fläcke sage kann. Oder ob des von der Art der Bewohner abhängt. Isch denn Stuttgart nur en großer Fläcke?

Jetzt hab ich de Wind im Rücke. Hinne frier ich weniger als vorne. Aber ich muss widder z'rück. Also net so weit geh.

Ich hätt gern ausg'schlofe. Aber die Pension war net so, dass mer länger bleibt, als unbedingt nötig. Um halb neun hat die Wirtin ihren Staubsauger kurz ausg'schaltet. Sie hat durch mei Zimmertür g'rufe. „Frühstück nur bis neune, gäll!" Bei dem Frühstück hätt ich ruhig liege bleibe könne.

Ich muss uffstoße. Saure Kuttle. Die Leut vom Kulturverain habe mich nach der Lesung im Gewölbekeller noch zum Esse ei'glade. In eine urgemütliche Wirtschaft. Ich ess gern Kuttle mit Bratkartoffel. Sowas kriegt mer bei uns selte im Lokal.

Beim Abräume hat die Bedienung g'frogt: „War's recht?" Ich hab ganz ehrlich g'sagt: „Prima! Hervorragend!" Sie hat mich ganz komisch a'geguckt. Irritiert. Verlege irgendwie.

„Es war recht" haißt bei uns eher „mer hat's esse könne". Ein Kompliment isch des net. Aber hier muss was ziemlich gut g'wese sei, wenn's recht war. Nur net übertreibe!

So g'sehe, war die Lesung geschtern recht. Also ein voller Erfolg. Sogar Standing Ovations am Schluss. Beim Uffstehe habe d'Leut geklatscht. Zehn Sekunde lang. Mindeschtens.

Aber der Kaffee in der Pension war net recht. Eine bräunliche Brüh. Also ich brauch net viel zum Frühstück. Panierte Schnitzelscheibe vom Vortag sowieso net. Mir langt e Tass Kaffee, stark un schwarz.

Irgendwo in dem Städtle wird mer doch sowas kriege um die Zeit. Im Tschibo oder Eduscho. In're Bäckerei. Am Stehtischle. Wo die Handwerker ihren Zwischedurch-Kaffee schlürfe. Wurschtweck esse.

Aus're Metzgerei kommt e alte Frau. Keine ältere Dame. Wirklich eine alte Frau. So e Hutzelweible. Sieht bäuerlich aus in ihrer schwarz-grau geblümelte Klaiderschürz mit e bissl dunkelbau drin. Haarknote, mit große Nadle feschtg'steckt. Ein hartes Falteg'sicht, über d'Knoche g'schrumpelt. Bissl bitter, verhärmt. Net viel Freud g'habt im

Lebe. Net grad die liebe Oma. Vom Typ her. Sie wirkt verwurzelt, uralt ei'gsesse. Kennt hier jeden Winkel.

Ich verbeug mich höflich. Dann sag ich in mei'm mundfaule Karlsruher Dialekt, der erscht im Lauf des Tages e bissl deutlicher wird:

„Tschuliung, hat do scho wo was uff?"

Sie klemmt ihr Ei'kaufstäschle fescht unner de Arm, dreht die Tascheseit von mir weg. Hopft e Schrittle z'rück:

„Om dia Zeit hocket mir no net in de Wirtschafte rom!"

Schon war se weg. Ich bin noch'n Moment stehe gebliebe. Hab ihr hinnerher geguckt.

Paar Meter weiter, an de Eck, hat se e annere Frau getroffe. Sie habe's von mir g'habt. Mich immer im Seiteblick.

„Also i däd scho mol äbbes gäbe, so ischt's net. Aber die versaufet des nomme bloß. Der hat scho so g'schwätzt do hanne."

„Ha no, freilich. Es gibt scho au so arme Deifel, die e Schicksal hend. Aber die moischte wellet net schaffe!"

Ich hab in Stuttgart im Bahnhof en doppelte Espresso getrunke. Un wie immer, mein Schillerwein. Mit Blick zum Bahnsteig zwölf. Richtung Karlsruh.

D'Lisa zum Lache bringe oder Krähegeflüschter

Lach doch mol, Lisa
net arg, nur e bissl
guck, so wie ich
gib dir halt Müh
fallt's dir so schwer?

wenn's garnet geht
dann schlupf halt her
verheul mir d'Hemdeschulter
mit deiner schwarze Kajal-Brüh
Träne wäsche d'Seel
des Hemd g'hört eh in d'Wäsch
ich bügel halt net gern

komm, mir geh'n spaziere
irgendwo durch de Wald
bei dem herrliche Sauwetter
es regn't grad so angenehm
es isch so g'mütlich kalt
nass sei und friere
isch e Einstellungssach
stell dir ai'fach vor
mir wäre zwai Forelle
die sich amüsiere
in'me Gletscherbach
spür'sch die trockene Wärme?

sei froh, er isch fort
der hätt dich garnet verdient
war'n Windhund, ich kenn die Sort
bin früher genau so g'wese
Mensch, hab ich Fraue g'habt
jede schöner als die annere
alle handverlese

hab g'lebt aus de Volle –
oh, Verzeihung, Lisa
mach doch e anners G'sicht
des hätt ich jetzt net sage solle

du bi'sch widder frei
sieh's doch mol so
isch des G'fühl net grandios?
heut denk'sch
du hätt'sch ihn verlore
morge merk'sch
du bisch'n bloß los

lach doch e bissl
die Welt isch so schön
guck, dort, ja dort
an mei'm Finger entlang
weit über de Himmel gezoge
normalerweis
wenn d'Sonn jetzt schien
wär dort en Regeboge
er isch nur scheinbar fort
er wartet, bis mer ihn sieht

horch, ganz still
hör'sch des?
d'Vögel zwitschere um d'Wett
sei mol ganz ru...
Herrottsakrament!
de ganze Sommer lang
tiriliere die Vögel
wenn mer lieber sei Ruh hätt
aber wenn mer se ai'mol bräucht
singe se net!

lächel halt e bissl
lächle isch net so schwer
genieß die himmlische Ruh im Wald
hör'sch die Stille?
na ja, mer könnt se besser höre
wenn die Motorsäg net wär
aber es isch en schöne Krach
so monoton und beruhigend
des klingt für jeden gleich
Motorsäge sin kai Einstellungssach

den Gesang von de Vögel
hört jeder verschiede
je nach Einstellung
von Fall zu Fall
für die Verliebte
zwitschere d'Krähe
für die Verlassene
krächzt d'Nachtigall

wie wär des, Lisa?
du komm'sch zu mir
net verschrecke – net für immer
nur vorübergehend – immerhin
bis du widder lache kann'sch
ich hab e großes Gäschtezimmer
Bügelbrett, Schwarz-Weiß-Fernseher
Fahrrad, Kofferradio – alles drin
du könnt'sch dich provisorisch
nur zur Überbrückung
sogar in mich verliebe
bis es dir besser geht

was lach'sch denn jetzt so blöd?

Nächtliches Alibert-G'spräch

Komm näher
du alter Sack im Spiegel
muss dir was sage
muss net jeder höre
noch näher
Nas an Nas
Aug in Aug
Spiegeltüre rausklappe
jetzt sin mer endlich
unner uns

widder halb drei, Mensch
wie sieht denn der aus?
so geht's net weiter mit dir
guck uns doch a

also ehrlich g'sagt
nach so einer Nacht
wollt ich morge früh
net die Frau sei
die nebe uns uff'wacht
du vielleicht?
also ich net.

Weitere Bücher und CDs von Harald Hurst im G. Braun Buchverlag

Vergeß den Vogel.
Geschichten und Gedichte
136 Seiten, gebunden, ISBN 3-7650-8196-5

Fuffzich.
Komödie
64 Seiten, gebunden, ISBN 3-7650-8276-7

So e Glück!
Geschichten und Gedichte
144 Seiten, gebunden, ISBN 3-7650-8161-2

Daß i net lach!
Geschichten und Gedichte
116 Seiten, gebunden, ISBN 3-7650-8124-8

Das Zwiebelherz.
Liebesgeschichten
124 Seiten, gebunden, ISBN 3-7650-8222-8

De Polizeispielkaschte.
Mundartgeschichten
108 Seiten, gebunden, ISBN 3-7650-8074-8

Ich bin so frei.
Gedichte und Prosa
80 Seiten, gebunden, ISBN 3-7650-8193-0

Der mit de Wurscht. CD
Mit Gunzi Heil
ISBN 3-7650-8184-1

Musik & Literatur – live & pur. CD
Mit Kuno Bärenbold und Gunzi Heil
ISBN 3-7650-8245-7